Das Zahlenbuch 3

von Erich Ch. Wittmann und Gerhard N. Müller

Unter Beratung von

Judith Ames, Landau; Claudia Anduleit, Weilrod; Melanie Bischoff, Bochum;
Nina Drechsler, Köln; Dorothee Fauteck, Tübingen; Torsten Fritzlar, Halle (Saale);
Christine Fürch, Waiblingen; Astrid Gebert, Zernien; Michael Gierse, Grevenbroich;
Cathrin Gomann, Heidelberg; Ursula Görlich, Wildberg; Daniela Götze, Anröchte;
Heike Hahn, Floh-Seligenthal; Astrid Haßelkus, Bad Oldesloe; Brigitta Hering, Hamburg;
Till Hübscher, Dortmund; Melanie Loock, Schwerte; Miriam Lüken, Hannover;
Andreas Moritz, Großefehn; Ute Planz, Rottenburg; Tanja Reines, Vallendar;
Simone Reinhold, Hannover; Kathrin Riedel, Leipzig; Wolf-Rüdiger Rink, Osnabrück;
Ulrich Schwätzer, Dortmund; Angela Sommerlatte, Berlin; Claudia Trawny, Hamburg;
Karla Winkler, Weilrod; Rudi Wolff, Rüdesheim; Gudrun Wrage, Bargteheide

Ernst Klett Verlag

Stuttgart · Leipzig

Inhaltsverzeichnis

Wiederholung und Ausblick

■ ■	Rechnen in Frankreich, Rechnen in der Türkei	4 – 5
■	Sachaufgaben	6 – 7
■ ■	Rechenwege bei der Addition, Rechenwege bei der Subtraktion	8 – 9
■ ■	Unterschied berechnen (Längen), Ergänzen (Zeit)	10 – 11
■ ■	Rechenvorteile, Einmaleins, Einmaleins mit Meterquadraten, ⚡ Einmaleins an der Einmaleins-Tafel	12 – 14
■	**Formen legen:** Formen aus Quadraten	15
■	Multiplikation und Division, Division mit und ohne Rest, ⚡ Einmaleins umgekehrt	16 – 17
■	Zahlenmauern und Rechendreiecke, Rechenketten, Verdoppeln und Halbieren im Hunderter, ⚡ Verdoppeln im Hunderter, ⚡ Halbieren im Hunderter	18 – 21
■	**Geld:** Kommaschreibweise von Geldbeträgen	22 – 23
■	**Häufigkeit, Wahrscheinlichkeit:** Größere – kleinere – gleiche Chancen	24 – 25
■	**Symmetrie:** Spiegeln, Spiegelbilder zeichnen	26 – 27

Orientierung im Tausenderraum

■	Schätzen und Zählen, Bündeln und Zählen	28 – 29
■	Tausenderfeld, ⚡ Wie viele?, Tausenderbuch, ⚡ Welche Zahl?	30 – 33
■ ■	Stellentafel, Tausenderreihe, ⚡ Zählen in Schritten	34 – 37
■	Ergänzen bis 1000, ⚡ Ergänzen bis 1000, 1000 teilen, ⚡ 1000 teilen	38 – 39
■ ■	**Geld: Mit Geld rechnen,** ⚡ Verdoppeln im Tausender, ⚡ Halbieren im Tausender	40 – 41
■	**Längen:** Meter und Zentimeter, Kilometer und Meter, Kilometerzähler, Mit dem Fahrrad unterwegs	42 – 45
■	**Zahlen in der Umwelt:** Das menschliche Skelett	46
■	**Symmetrie:** Symmetrisch – nicht symmetrisch	47
■	**Formen in der Umwelt:** Der Sonnenlauf, Flächen- und Körperformen	48 – 49
■	**Baumdiagramm**	50

Addition im Tausender

■	Mit großen Zahlen rechnen wie mit kleinen, Rechenwege bei der Addition	51 – 52
■	Einfache Additionsaufgaben, ⚡ Einfache Plusaufgaben	53
■	Von einfachen zu schwierigen Additionsaufgaben	54 – 55
■	Tauschaufgaben, Zahlenraupen	56 – 57
■	Überschlag bei der Addition	58
■ ■	**Sachaufgaben:** Überschlag bei Sachaufgaben	59
■ ■	**Gewichte:** Kilogramm und Gramm	60 – 61
■ ■	**Längen:** Millimeter, Fledermäuse	62 – 63
■	**Formen herstellen:** Würfel falten, Würfelnetze	64 – 65

Subtraktion im Tausender

■	Rechenwege bei der Subtraktion	66
■	Einfache Subtraktionsaufgaben, ⚡ Einfache Minusaufgaben	67
■	Von einfachen zu schwierigen Subtraktionsaufgaben	68 – 69
■	Subtraktionsaufgaben auch durch Ergänzen lösen	70
■	Gleiche Ergebnisse bei Subtraktionsaufgaben	71
■	Plus und minus, Vor und zurück	72 – 73
■	Überschlag bei der Subtraktion	74
■	**Sachaufgaben:** Überschlag bei Sachaufgaben, Sachaufgaben erfinden, Rechenwege bei Sachaufgaben, Sachrechnen im Kopf	75 – 79
■ ■	**Praktische Geometrie:** Grundrisse und Seitenansichten, Wege im Stadtplan (Kombinatorik)	80 – 81

Ausgewiesene inhaltsbezogene Kompetenzbereiche: ■ Zahlen und Operationen ■ Raum und Form ■ Größen und Messen, Sachrechnen ■ Daten, Häufigkeit und Wahrscheinlichkeit. Der Bereich Muster und Strukturen ist integraler Bestandteil aller dieser Bereiche. Die Förderung der prozessbezogenen Kompetenzen (Modellieren, Problemlösen, Argumentieren, Kommunizieren, Darstellen) durchzieht das ZAHLENBUCH und wird gezielt auf den grün unterlegten Seiten angesprochen.

Inhaltsverzeichnis

Einführung der schriftlichen Addition	■ ■	Wege auf der Autobahn, Schriftliche Addition	82 – 83
	■	Übungen zur schriftlichen Addition	84 – 85
	■ ■	**Sachaufgaben:** Überschlagen – Überprüfen	86 – 87
	■	**Gewichte:** Tonne und Kilogramm	88
	■ ■ ■	**Praktische Geometrie:** Verpackungen, Mit Würfeln bauen	89 – 91
Einführung der schriftlichen Subtraktion	■	Zähler, Schriftliche Subtraktion	92 – 93
	■ ■	Übungen zur schriftlichen Subtraktion	94 – 95
	■ ■	Umkehrzahlen, Plus und minus	96 – 97
	■	**Daten, Häufigkeit:** Manchmal mehr – manchmal weniger, Schülerzahlen	98 – 99
	■	**Formen zeichnen:** Flächenformen, Parkette mit regelmäßigen Vielecken	100 – 101
Multiplikation und Division im Tausender	■	Multiplikationsaufgaben zerlegen	102 – 103
	■	Vertiefung des Einmaleins	104
	■	Mal 10, durch 10 – Mal 100, durch 100, ⚡ Mal 10, durch 10	105
	■	Zehner-Einmaleins, Zehner-Einmaleins umgekehrt, ⚡ Zehner-Einmaleins auch umgekehrt	106 – 107
	■ ■	Divisionsaufgaben auch mit Rest	108
	■	Rechenvorteile bei der Multiplikation und der Division	109
	■ ■	**Sachrechenstrategien:** Rechenschritte überlegen, Skizzen zeichnen, Tabellen, Tabellen und Skizzen	110 – 113
Ergänzende Übungen	■ ■	Tausendundeine Aufgabe	114 – 115
	■	Magische Quadrate, Gleichungen und Ungleichungen	116 – 117
	■	Zahlenmuster, Plus und minus – mal und geteilt	118 – 119
	■ ■	Neunerprobe bei Additionsaufgaben, Brüche	120 – 122
	■	**Praktische Geometrie:** Knotenschule	123
Mini-Projekte	■ ■	**Zeit:** Stunde – Minute – Sekunde, Tageslängen	124 – 125
	■ ■	**Daten:** Schultage und schulfreie Tage, Der Luchs – eine scheue Wildkatze	126 – 127
	■ ■	Bald ist Weihnachten (Kombinatorik, Formen herstellen)	128 – 129
	■	Bald ist Ostern (Kombinatorik, Wahrscheinlichkeit)	130 – 131
Abziehverfahren	■	Wechseln an der Stellentafel, Subtraktionsaufgaben schriftlich rechnen	132 – 133
Blitzrechnen		Operationsfelder für die Blitzrechenübungen	134 – 135

■ „unerschöpfliche" Aufgabenfülle   ? Finde eine passende Frage.    Partnerarbeit   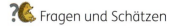 Fragen und Schätzen

 „Schnüffelaufgaben"    „Forschen und Finden"    Mathekonferenz

⚡ *Blitzrechnen*
→ weist auf passende Seiten im Arbeitsheft sowie den Heften „Verstehen und Trainieren" und „Probieren und Kombinieren" hin. Die Mini-Projekte sind zeitlich passend einzuordnen bzw. mit entsprechenden Themen des Sachunterrichts zu kombinieren.

Rechnen in Frankreich

Französische Flagge

Eiffelturm in Paris

Picknick im Garten

1 Combien?

a)  b)  c)  d)  e)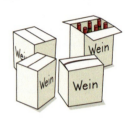

2 Complète les pyramides.

a) 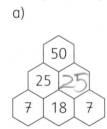 b) 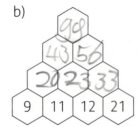 c) 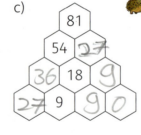 d) 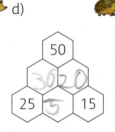 e)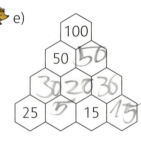

3
a) Der Hochgeschwindigkeitszug Thalys fährt um 8.44 Uhr in Köln Hbf ab und kommt um 11.59 Uhr in Paris Nord an.

b) Ein Flugzeug startet um 13.15 Uhr vom Flughafen Köln/Bonn und landet um 14.25 Uhr in Paris.

4

1	5	10	15	20	50	100
un	cinq	dix	quinze	vingt	cinquante	cent

5 Fragen und Schätzen

Der Eiffelturm hat drei Aussichtsplattformen. Die unterste befindet sich auf 57 m Höhe. Schätze die Höhe der zweiten und der dritten Plattform.

1 Sachsituationen aus Frankreich interpretieren und rechnen. 2 Pyramiden als bekanntes Übungsformat (Zahlenmauern) wieder erkennen und rechnen (KV). 4 Französische Zahlwörter vorlesen, evtl. nachsprechen lassen.
→ Arbeitsheft, Seite 3

Rechnen in der Türkei

Türkische Flagge

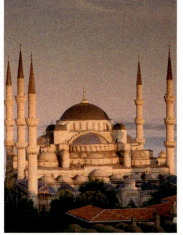
Blaue Moschee in Istanbul

Mädchen in Schuluniform

1 Hesapla.

a) 5 × 8 = 40   8 × 2 = 16   4 × 5 = 20   3 × 5 = 15   7 × 3 = 21   b) 4 × 3 = ...   6 × 4 = ...   2 × 4 = ...   9 × 5 = ...   4 × 9 = ...

c) 4 × 7 = ...   8 × 3 = ...   3 × 6 = ...   9 × 2 = ...   7 × 5 = 2...   d) 8 × ... = 32   3 × ... = 27   2 × ... = 12   5 × ... = 45   8 × ... = 48

2 Sayitirtili.

a)  100 | 90 | 80 | 70 | 60
    10 | 20 | 30 | 40 | 50

b) 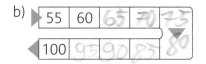 55 | 60 | 65 | 70 | 75
   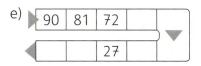 100 | 95 | 90 | 85 | 80

c) 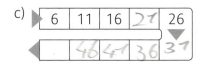 6 | 11 | 16 | 21 | 26
   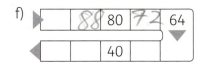 ... | 46 | 41 | 36 | 31

d) 99 | 88 | 77 | 66 | 55

e) 90 | 81 | 72 | ... | 27

f) 88 | 80 | 72 | 64 | ... | 40

3 a) Ein Zug fährt am Montag um 14.27 Uhr in München ab. Er kommt am Mittwoch um 7.50 Uhr in Istanbul an. [?]

b) Ein Flugzeug startet um 11.45 Uhr vom Flughafen München und landet um 15.15 Uhr in Istanbul. [?]

4
| 1 | 5 | 10 | 15 | 20 | 50 | 100 |
| bir | beş | on | on beş | yirmi | elli | yüz |

5 Fragen und Schätzen

Die Minarette der Blauen Moschee haben eine Höhe von 64 m. Schätze die Höhe der Plattformen und der Kuppel.

Sachaufgaben

1 Wie viel Euro?

2 Wie viel Cent?

3 Wie spät ist es?
a)   b)

4 Wie lang ist der Maulwurf ungefähr?

5 a) Wie viel fehlt zu einem Euro?
97 ct, 79 ct, 81 ct, 58 ct

b) Wie viel fehlt zu 50 Cent?
39 ct, 49 ct, 41 ct, 45 ct

c) Wie viel fehlt zu einem Meter?
91 cm, 86 cm, 67 cm, 74 cm

d) Wie viel fehlt zu einem halben Meter?
38 cm, 46 cm, 44 cm, 29 cm

e) Wie viel fehlt zu einer Stunde?
49 min, 54 min, 30 min, 20 min

f) Wie viel fehlt zu einer halben Stunde?
29 min, 25 min, 15 min, 20 min

6 In gleiche Teile teilen.

a) 1 €
- 2 mal 50 ct
- 4 mal ? ct
- 5 mal ? ct
- 10 mal ? ct

b) 1 m
- 2 mal ? cm
- 5 mal ? cm
- 10 mal ? cm

c) 30 min
- 2 mal ? min
- 3 mal ? min
- 5 mal ? min
- 6 mal ? min
- 10 mal ? min

d) 1 h
- 2 mal ? min
- 3 mal ? min
- 4 mal ? min
- 5 mal ? min
- 6 mal ? min
- 10 mal ? min

7 a) Wie viel Cent?
3 ct weniger als 1 €
30 ct weniger als 1 €
33 ct weniger als 1 €

b) Wie viele Zentimeter?
2 cm weniger als 1 m
20 cm weniger als 1 m
22 cm weniger als 1 m

c) Wie viele Minuten?
1 min weniger als 1 h
10 min weniger als 1 h
11 min weniger als 1 h

Sachaufgaben

8  Philipp war bei der Geburt 51 cm groß und 3 kg schwer. Heute misst er 1 m 37 cm und wiegt 29 kg. [?]

9 Mutter kauft auf Vorrat 6 Hefte und 2 Zeichenblöcke. Sie bezahlt mit einem 10-€-Schein. [?]

50 ct   2 €

10 Mutter lädt Annika und Jan zu einem Spagetti-Eis ein. Sie selbst trinkt einen Kaffee. [?]

1 €   4 €

11 Vom Bahnhof fährt alle 5 Minuten ein Bus. [?]

12 Mutter braucht ein Regalbrett von 65 cm Länge. Vater findet ein Brett, welches 90 cm lang ist. [?]

13 Der kleinste Kolibri hat eine Flügelspannweite von 7 cm. Die Flügelspannweite der Blaumeise ist dreimal so groß. [?]

14 Eine Zauneidechse wird etwa 32 cm lang. Eine Waldeidechse ist nur halb so lang. [?]

15 Im Café stehen 7 große Tische. An 5 Tischen sind 6 Stühle und an 2 Tischen 5 Stühle. [?]

16 In Berlin ist es 13.30 Uhr.
a) In New York ist es 6 Stunden früher. [?]
b) In Peking ist es 7 Stunden später. [?]

Sinnvolle Fragen finden und Aufgaben lösen. → Sachrechnen im Kopf 1/2

Rechenwege bei der Addition

1

58 + 26

Verschiedene Rechenwege:

a) Erst Zehner dazu,
dann Einer dazu.

58 + 26 = ...
58 + 20 = 78
78 + 6 = ...

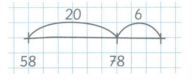

b) Zehner plus Zehner,
Einer plus Einer.

58 + 26 = ...
50 + 20 = 70
8 + 6 = 14

c) Hilfsaufgabe

58 + 26 = ...
60 + 24 = 84

Wie rechnest du?

2
a) 47 + 6	b) 5 + 3	c) 9 + 8	d) 76 + 5	e) 34 + 34	f) 36 + 7
47 + 30	50 + 20	30 + 60	76 + 20	43 + 43	43 + 40
47 + 36	55 + 23	39 + 68	76 + 25	35 + 33	36 + 47
48 + 35	50 + 28	38 + 69	75 + 25	42 + 44	36 + 40
50 + 38	55 + 28	60 + 38	76 + 15	62 + 24	76 + 7

3 Schöne Päckchen. Beschreibe das Muster. Setze fort.

a) 65 + 24
54 + 25
43 + 26
32 + 27
21 + 28

3a) Die 1. Zahl verringert sich immer um 11, die 2. Zahl erhöht sich immer um 1. Daher wird die Summe immer um 10 kleiner.

b) 14 + 80
25 + 70
36 + 60
47 + 50
58 + 40

c) 45 + 3
55 + 5
65 + 7
75 + 9
85 + 11

d) 29 + 46
38 + 37
47 + 28
56 + 19
65 + 10

4
a) Wann wird der Zug abfahren?

b) Wie lange müssen die Fahrgäste noch warten?

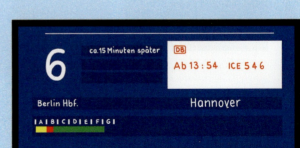

Rechenwege bei der Subtraktion

1

SEILBAHN

Höchstlast
38 Personen oder 3000 kg

54 Leute stehen am Bahnsteig der Talstation.

54 – 38

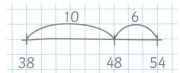

Verschiedene Rechenwege:

a) Erst Zehner weg, dann Einer weg.

54 – 38 = ...
---
54 – 30 = 24
24 – 8 = ...

b) Zehner minus Zehner, Einer minus Einer.

54 – 38 = ...
---
50 – 30 = 20
 4 – 8 = –4

c) Hilfsaufgabe

54 – 38 = ...
---
56 – 40 = 16

d) Ergänzen   38 + ... = 54

```
       10        6
   ┌───────┐  ┌───┐
  38         48   54
```

Wie rechnest du?

2

a)	b)	c)	d)	e)	f)
81 – 5	62 – 30	76 – 8	53 – 10	90 – 45	91 – 7
81 – 20	62 – 9	76 – 40	53 – 7	92 – 45	84 – 30
81 – 25	92 – 39	76 – 48	53 – 17	94 – 49	91 – 37
86 – 25	69 – 32	70 – 58	55 – 17	94 – 50	91 – 30
86 – 27	62 – 49	77 – 9	85 – 17	94 – 19	61 – 7

3 Schöne Päckchen. Beschreibe das Muster. Setze fort.

a)		b)	c)	d)
88 – 67	3a) Die 1. Zahl wird immer um 11 kleiner, die 2. Zahl ebenfalls. Also bleibt der Unterschied gleich.	41 – 16	70 – 35	90 – 20
77 – 56		52 – 27	71 – 34	81 – 18
66 – 45		63 – 38	72 – 33	72 – 16
55 – 34		74 – 49	73 – 32	63 – 14
44 – 23		85 – 60	74 – 31	54 – 12

4 Wie lange müssen die Wanderer warten?

Unterschied berechnen

1 a) Wie groß ist der Unterschied?

Sarah rechnet eine Ergänzungsaufgabe:

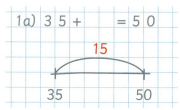

Daniel rechnet eine Minusaufgabe:

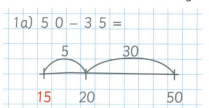

b) Wie groß ist der Unterschied zwischen 69 und 83?

Sarah überlegt:

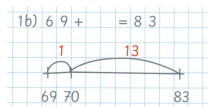

Daniel überlegt:

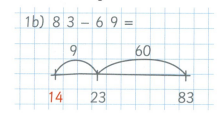

2 Berechne die Unterschiede zwischen den Zahlen.

a) 58 und 87 b) 44 und 91 c) 99 und 78 d) 65 und 58 e) 38 und 72
   54 und 83   47 und 94   98 und 79   56 und 85   32 und 78

3 Vergleiche die Schulterhöhen. Berechne die Unterschiede.

a) b)

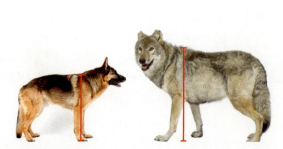

Schäferhund 62 cm   Wolf 87 cm   Zwergpony 98 cm   Lipizzaner 155 cm

Ergänzen

1 a)

Am Markt
120 Plätze
58 freie Plätze

Wie viele Plätze sind besetzt?

b)

Schlösser-Route
Standort: Haltern
48 km Senden
71 Km Münster

Wie weit ist es von Senden nach Münster?

2 Zwei Zahlen nebeneinander addiert ergeben die Zahl darüber.

a)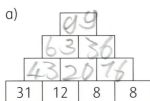
Pyramide: 99 / 63, 36 / 43, 20, 16 / 31, 12, 8, 8

b)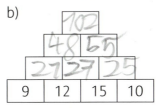
Pyramide: 102 / 48, 55 / 27, 27, 25 / 9, 12, 15, 10

c)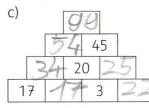
Pyramide: 99 / 54, 45 / 34, 20, 25 / 17, 17, 3, 22

d)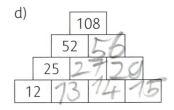
Pyramide: 108 / 52, 56 / 25, 27, 29 / 12, 13, 14, 15

3 Schreibe zu den Zahlenmauern immer zwei Plus- und zwei Minusaufgaben.

a)
29 / 12, 17

3a) 12 + 17 = 29
17 + 12 = 29
29 − 12 = 17
29 − 17 = 12

b)
41 / 18, __

c)
60 / 53, __

d)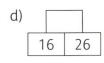
__ / 16, 26

e) 38 / __, 16

f) __ / 3, 38

g) 45 / 21, __

4 Zwei Zahlen innen addiert ergeben die entsprechende Zahl außen.

a)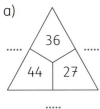
Dreieck: 36 oben innen; 44, 27 unten innen

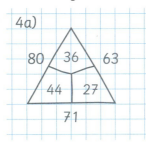
4a) 80 / 36 / 63 ; 44, 27 ; 71

b)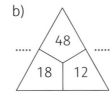
48 oben; 18, 12 unten

c)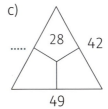
28 oben, 42 rechts; 49 unten

d)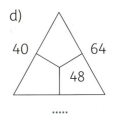
40 links, 64 rechts; 48 rechts innen

5
Parkzeit 1 Stunde

Wie viele Minuten fehlen zu einer Stunde?

a) 45 min
38 min
59 min
27 min

b) 36 min
25 min
44 min
63 min

5a) 45 min + 15 min = 60 min

6 Ergänze.

a) 44 + 16 = 60
54 + 16 = 70
64 + 16 = 80
74 + 16 = 90
84 + 16 = 100

b) 47 + 4 = 51
37 + 14 = 51
27 + 24 = 51
17 + 34 = 51
7 + 44 = 51

Rechenvorteile

1 Wie rechnet ihr a) 26 + 25   b) 72 − 65   c) 7 + 8 + 9?

a) Amelie: 26 + 20 + 5
b) Selina: 72 − 60 − 5
c) Ahmed: 15 + 9

Hannah: 25 + 25 + 1
Jonas: 65 + 5 + 2
Paul: 3 · 8

Wie überlegen die Kinder? Vergleicht mit euren Rechenwegen.

2 Überlege bei jeder Aufgabe, wie du vorteilhaft rechnen kannst.

a) 48 + 29	b) 54 + 28	c) 73 − 54	d) 46 − 8	e) 18 + 20 + 22
24 + 26	35 + 37	89 − 66	67 − 28	17 + 34 + 43
36 + 35	69 + 22	61 − 59	92 − 59	32 + 19 + 21

3 Rechne die erste Aufgabe. Nutze deine Rechnung für die weiteren Aufgaben.

a) 48 + 33	b) 69 − 34	c) 1 + 2 + 3	d) 1 + 2 + 3 + 4 + 5	e) 19 + 20 + 21
48 + 43	68 − 34	2 + 3 + 4	2 + 3 + 4 + 5 + 6	20 + 21 + 22
49 + 42	69 − 35	3 + 4 + 5	3 + 4 + 5 + 6 + 7	21 + 22 + 23
42 + 49	69 − 45	4 + 5 + 6	4 + 5 + 6 + 7 + 8	22 + 23 + 24
43 + 48	79 − 45	5 + 6 + 7	5 + 6 + 7 + 8 + 9	23 + 24 + 25

4

a) 43 + 19 − 19	b) 87 + 34 − 24	c) 9 · 5 + 1 · 5	d) 3 · 8 + 3 · 8	e) 7 · 9 − 2 · 9
43 + 20 − 19	62 + 38 − 62	9 · 6 + 1 · 6	4 · 7 + 4 · 7	7 · 8 − 2 · 8
43 − 19 + 20	56 + 49 − 46	9 · 7 + 1 · 7	7 · 4 + 7 · 4	7 · 7 − 2 · 7

5 Schau dir die Rechenketten zuerst an. Kannst du die Zielzahlen vorhersagen ohne zu rechnen?

a) Start: 34, 43 → +16 → −28 → ·2 → ·0 → +1 → Ziel

b) Start: 34, 43 → +8 → −7 → ·2 → :2 → −1 → Ziel

---

1 Angedeutete Rechenwege der Kinder im Klassengespräch ausführen und vergleichen (Mathekonferenz).
2−4 Rechenvorteile beim Lösen nutzen.   **4** Bei c) − e) die implizit eingeführte Regel „Punkt vor Strich" beachten.
5 Mündlich bearbeiten. Bei a) Rolle der Null bei der Multiplikation, bei b) Addition und Subtraktion sowie Verdoppeln und Halbieren als Umkehroperationen herausstellen.

Einmaleins

1 a) Wie viele Einmaleinsaufgaben gibt es?

b) Nenne die Ergebnisse aller roten, gelben, blauen und grünen Aufgaben (Kernaufgaben) und zeige sie an der Hundertertafel.

c) Rechne zu jeder anderen Aufgabe vorher eine farbige Nachbaraufgabe.

```
1c)  7 · 5 = 3 5
     7 · 4 = 2 8
```

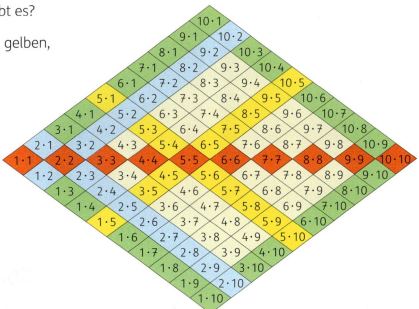

2

1	2	3	4	5	6	7	8	9	10
	12		14	15	16		18		20
21			24	25		27	28		30
	32			35	36				40
	42			45			48	49	50
			54		56				60
		63	64						70
	72								80
81									90
									100

a) Nenne die Ergebnisse der Einmaleinsreihen und zeige diese Einmaleinszahlen an der Hundertertafel.

b) Wie viele dieser Einmaleinszahlen gibt es? Welche haben die Einerziffer 4, welche die Einerziffer 7? Wie viele sind gerade, wie viele ungerade?

c) Rechne Malaufgaben zu den Einmaleinszahlen 16, 21, 24, 27, 28, 42, 45, 48, 49, 50.

```
2c)  1 6 = 4 · 4
     1 6 = 2 · 8
     1 6 = 8 · 2
```

3 Paul hat eine Malaufgabe gerechnet. Das Ergebnis ist 18. Er verdoppelt die erste Zahl. Wie lautet das neue Ergebnis?

Blitzrechnen: Einmaleins an der Einmaleins-Tafel

Malaufgabe zeigen und nennen. — Aufgabe im Kopf rechnen.

Einmaleins mit Meterquadraten

1 Fragen und Schätzen
   a) Wie viele Meterquadrate passen ungefähr in euren Klassenraum?
   b) Wie viele Kinder können sich auf ein Meterquadrat stellen?

2 Wie viele Meterquadrate?
   a) Sandkasten   b) Blumenbeet   c) Garage

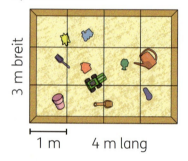

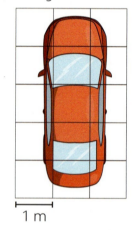

3 Wie viele Meterquadrate? Zeichne und rechne.

Kinderzimmer:	3 m breit, 3 m lang	Schlafzimmer:	3 m breit, 5 m lang
Küche:	2 m breit, 3 m lang	Flur:	2 m breit, 4 m lang
Wohnzimmer:	4 m breit, 5 m lang	Terrasse:	4 m breit, 6 m lang

4 Im täglichen Leben sagt man statt Meterquadrate meist Quadratmeter.

Vor 100 Jahren

Heute	
Richtwert für Neubauten: 60 Quadratmeter pro Klasse	Lehrer empfehlen: 3 Quadratmeter pro Kind

Vergleiche.

5 Fragen und Schätzen
   Wie viele Quadratmeter hat eure Turnhalle?

Formen aus Quadraten

1

Baue diese neun Formen vergrößert aus Quadraten nach.
Welche Formen sind Vierlinge, Drillinge, Zwillinge?

2 Mit den neun Formen Rechtecke legen:

Jan legt ein
2 · 4-Rechteck.

Saskia und Julia
legen 3 · 5-Rechtecke.

Dirk legt ein
4 · 4-Quadrat.

a) Lege nach.

b) Lege 2 · 5, 4 · 7, 4 · 6, 5 · 5, 3 · 9.

c) Lege weitere Rechtecke.

Forschen und Finden

3 Dies sind einige Fünflinge.

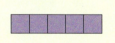

a) Zwei Formen kommen jeweils doppelt vor. Welche?

b) Es gibt 12 verschiedene Fünflinge. Findest du alle?

c) Aus dem „T" kannst du eine Würfelschachtel falten. Probiere.

d) Aus dem „I" (5 Quadrate nebeneinander) kannst du keinen Würfel falten. Begründe.

e) Aus welchen der 12 Fünflinge kannst du eine Würfelschachtel falten?

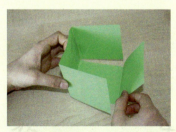

1, 3 Herstellen und Vergleichen von „Quadrat-Mehrlingen" (Polyominos). **2** Auslegen von Flächen. **3** Klären, dass Netze, die man durch Drehen oder Umklappen (Spiegeln) zur Deckung bringen kann, als gleich gelten. In Gruppenarbeit probierend lösen.

Multiplikation und Division

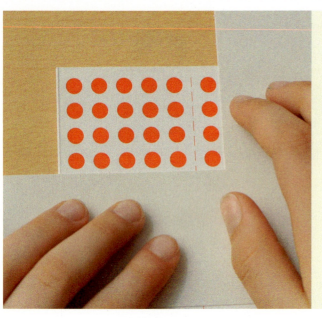

An jedem Punktefeld kannst du vier Aufgaben ablesen: zwei Malaufgaben und zwei Geteiltaufgaben.

Dieses Punktefeld hat 4 **Zeilen** und 6 **Spalten**.
6 Punkte in jeder Zeile
4 · 6 = 24 Punkte insgesamt

4 Punkte in jeder Spalte
6 · 4 = 24 Punkte insgesamt

24 Punkte verteilt auf 4 Zeilen
24 : 4 = 6 Punkte in jeder Zeile

24 Punkte verteilt auf 6 Spalten
24 : 6 = 4 Punkte in jeder Spalte

1 Schreibe zu jedem Punktefeld vier Aufgaben.

a)

1a)	4	·	5	= 2	0
	5	·	4	=	
	2	0	:	4 =	
	2	0	:	5 =	

b)  c) 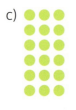 d)

e) Zeichne eigene Punktefelder und rechne.

2 Teile und rechne zur Probe (P) eine Malaufgabe.

a) 14 : 7	b) 16 : 4	c) 18 : 2	d) 12 : 6	e) 18 : 9	f) 42 : 7	g) 45 : 5
28 : 7	16 : 8	36 : 4	24 : 3	36 : 9	21 : 7	45 : 9
56 : 8	32 : 8	72 : 8	48 : 6	54 : 6	21 : 3	90 : 9
56 : 7	32 : 4	72 : 9	48 : 8	54 : 9	42 : 6	0 : 9

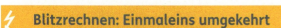

2a) 1 4 : 7 = 2   P: 2 · 7 = 1 4

Blitzrechnen: Einmaleins umgekehrt

Malaufgabe legen und nennen.

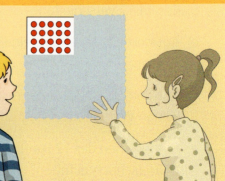
Beide Umkehraufgaben rechnen.

Division mit und ohne Rest

1 a)   b)   c) 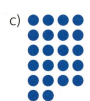 d) e)

  a) 20 : 4 = 5
     5 · 4 = 20

  b) 21 : 4 = 5 R 1
     5 · 4 + 1 = 21

  c) 22 : 4 = ...
     5 · 4 + 2 = ...

  d) 23 : 4 = ...
     5 · 4 + 3 = ...

  e) 24 : 4 = ...
     6 · 4 = ...

  f) Welche Zahlen lassen sich ohne Rest durch 4 teilen? Diese Zahlen heißen Vielfache von 4. Bestimme alle Vielfachen von 4, die kleiner als 50 sind.

2
  a) 9 : 3
     10 : 3
     11 : 3
     12 : 3
     13 : 3

  b) 24 : 6
     25 : 6
     26 : 6
     27 : 6
     28 : 6

  c) 40 : 4
     39 : 4
     38 : 4
     37 : 4
     36 : 4

  d) 20 : 9
     30 : 9
     40 : 9
     50 : 9
     60 : 9

  e) 48 : 8
     44 : 8
     40 : 8
     36 : 8
     32 : 8

  f) 11 : 5
     22 : 5
     33 : 5
     44 : 5
     55 : 5

  g) 8 : 7
     16 : 7
     24 : 7
     32 : 7
     40 : 7

3
  a) 12 : 1   12 : 4   12 : 7   12 : 10
     12 : 2   12 : 5   12 : 8   12 : 11
     12 : 3   12 : 6   12 : 9   12 : 12

  Durch welche Zahlen lässt sich 12 ohne Rest teilen? Diese Zahlen heißen Teiler von 12.

  b) Bestimme alle Teiler von 15 und 30.

4
  a) 13 : 5
     18 : 5
     23 : 5
     28 : 5
     33 : 5

  b) 8 : 6
     14 : 6
     20 : 6
     26 : 6
     32 : 6

  c) 15 : 7
     22 : 7
     29 : 7
     36 : 7
     43 : 7

5 Was passiert mit dem Rest? Rechne und erzähle die Geschichte zu Ende.

  a) Vor einem Aufzug stehen 19 Personen. Es dürfen immer 6 Personen mitfahren.

  b) Felix, Lena, Rosi und Tim teilen sich 5 Tafeln Schokolade.

  c) 4 Freunde helfen einer Nachbarin bei der Gartenarbeit. Sie bekommen dafür eine Packung mit 6 Schokoladenriegeln.

  d) Zum Fliesen einer Küche werden 90 Fliesen benötigt. In einem Paket sind immer 8 Fliesen.

  e) Die Hühner auf dem Biohof haben 68 Eier gelegt. Die Bäuerin packt immer 10 Eier in einen Karton.

  f) Auf einem Ausflug wollen 28 Kinder Tretboot fahren. In ein Boot dürfen jeweils 6 Kinder.

6 Stellt euch ähnliche Aufgaben wie bei **5** mit anderen Zahlen.

6) Vor einem Aufzug stehen 17 Personen. Es dürfen immer 5 Personen mitfahren.

Zahlenmauern und Rechendreiecke

1 Zahlenmauern. Erkläre den Lösungsweg.

a)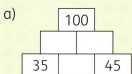

1a)	100 120	100 110	100
	55 65	50 60	45 55
	35 20 45	35 15 45	35 10 45
	1. Versuch	2. Versuch	Lösung

b)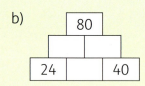

1b)	80 104	80 84	80 82	
	44 60	34 50	33 49	
	24 20 40	24 10 40	24 9 40	
	1. Versuch	2. Versuch	3. Versuch	

2 Probiere und überlege ebenso.

a) 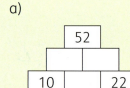   b) 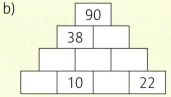   c) 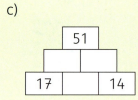   d)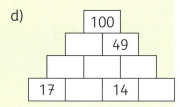

3 Rechendreiecke. Erkläre den Lösungsweg.

a)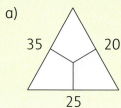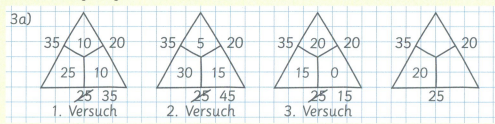

b)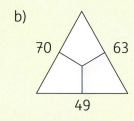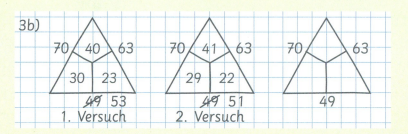

4 Probiere und überlege ebenso.

a) 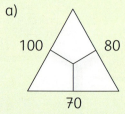   b) 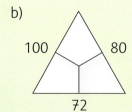   c)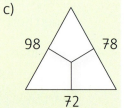

d) 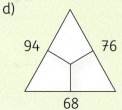   e)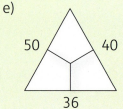

1–4 Wiederholung grundlegender Übungsformate (KV). Eine der fehlenden Zahlen probeweise einsetzen, rechnen, prüfen, Zahl verändern, bis es passt. → Arbeitsheft, Seiten 9, 10   → Probieren und Kombinieren 3, Seiten 10, 11, 13, 15

Rechenketten

1 Schöne Päckchen. Rechne und beschreibe das Muster.

2 · 2	3 · 3	4 · 4	5 · 5
1 · 3	2 · 4	3 · 5	4 · 6

1) 2 · 2 = 4   3 · 3 =
   1 · 3 = 3

2 Rechne und begründe das Muster.

6 · 6	7 · 7	8 · 8	9 · 9	10 · 10
5 · 7	6 · 8	7 · 9	8 · 10	9 · 11

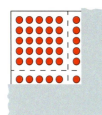 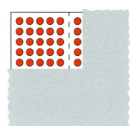 

2) Im ersten Schritt 6 weniger, dann 5 mehr. Insgesamt sind es 1 weniger.

3 Schöne Päckchen. Beschreibe das Muster.

1 · 2	2 · 3	3 · 4	4 · 5	5 · 6	6 · 7	7 · 8	8 · 9
0 · 3	1 · 4	2 · 5	3 · 6	4 · 7	5 · 8	6 · 9	7 · 10

4 a) Rechenketten. Vergleiche Start- und Zielzahl und beschreibe das Muster.

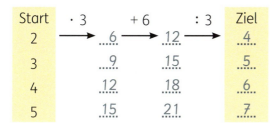

Start	· 3	+ 6	: 3	Ziel
2	6	12		4
3	9	15		5
4	12	18		6
5	15	21		7

b) Starte die Rechenkette auch mit 6, 7, 8, 9, 10 und begründe das Muster.

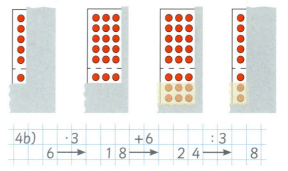

4b) · 3   + 6   : 3
   6 → 18 → 24 → 8

Starte jede Rechenkette auch mit 4, 5, 6, 7, 8. Was fällt dir auf?

5 a) Start 3 · 7 → 21 + 7 → 28 : 7 → Ziel 4

b) Start 3 · 7 → 21 + 14 → 35 : 7 → Ziel 5

c) Start 3 · 7 → 21 − 7 → 14 : 7 → Ziel 2

6 a) Start 3 · 5 → 15 + 5 → 20 : 5 → Ziel 4

b) Start 3 · 5 → 15 + 10 → 25 : 5 → Ziel 5

c) Start 3 · 5 → 15 − 5 → 10 : 5 → Ziel 2

Verdoppeln und Halbieren im Hunderter

1 Verdopple.

a) 40 + 40
    7 + 7
  47 + 47

b) 30 + 30
    9 + 9
  39 + 39

c) 50 + 50
    1 + 1
  51 + 51

d) 30 + 30
    8 + 8
  38 + 38

e) 20 + 20
    9 + 9
  29 + 29

f) 60 + 60
    6 + 6
  66 + 66

2 Halbiere.

a) 90
    4
  94

2a) 90 = 45 + 45
    4 = 2 + 2
  94 = 47 + 47

b) 80
    6
  86

c) 70
    8
  78

d) 60
    2
  62

e) 50
    4
  54

f) 100
    8
  108

3 Schreibe zu den Zahlenrätseln Rechenketten und löse mithilfe von Umkehraufgaben.

a) Ich denke mir eine Zahl, verdopple sie, rechne 6 dazu und erhalte 48.

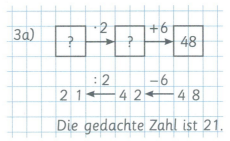

3a) ? →·2→ ? →+6→ 48
21 ←:2← 42 ←−6← 48
Die gedachte Zahl ist 21.

b) Ich denke mir eine Zahl, halbiere sie, ziehe 5 ab und erhalte 36.

c) Ich denke mir eine Zahl, verdopple sie, rechne 9 dazu und erhalte 17.

d) Ich denke mir eine Zahl, rechne 17 dazu, ziehe 5 ab und erhalte 62.

4 Erfinde selbst Zahlenrätsel für deinen Partner.

5 Wie geht es weiter?

a) 1, 2, 4, 8, …
b) 3, 6, 9, …
c) 5, 10, 20, …
d) 128, 64, 32, …

Blitzrechnen: Verdoppeln im Hunderter

Zahl bis 50 nennen, legen oder zeichnen.

Zahl verdoppeln

20

1 Verdoppeln durch Zerlegung in Zehner und Einer, auch mit leichter Überschreitung des Hunderters. **2** Halbieren durch Zerlegung in Zehner und Einer. **3, 4** Zahlenrätsel mithilfe von Rechenketten und Umkehroperationen lösen.
→ Arbeitsheft, Seite 11 ⚡ Zur Grundlegung und zum weiteren regelmäßigen Üben evtl. Geld oder Tausenderbuch benutzen. → Verstehen und Trainieren 3, Seite 2

Verdoppeln und Halbieren im Hunderter

Forschen und Finden – Beschreiben und Begründen

6 Ein Rechenprogramm.

```
Start
  ↓
Wähle eine Zahl bis 100.
Schreibe die Zahl auf.
  ↓
Ist die Zahl gerade?
  nein ←        → ja
Rechne 9 dazu.        Halbiere die Zahl.
  ↓                     ↓
Schreibe das Ergebnis auf.   Schreibe das Ergebnis auf.
  ↓                     ↓
Halbiere die Zahl.
  ↓
Schreibe das Ergebnis auf. → Ergibt sich ein Kreisel? ←
                              ↓ ja
                             Ende
```

Startzahl 5 4	Startzahl 1 5	Startzahl 9 4
5 4 → 2 7 → 3 6 → 1 8 ↻ 9	1 5 → 2 4 → 1 2 ↻ 3 ← 6	9 4 → 4 7 → 5 6 → 2 8 ↻ 5, 10, 1, 2, 4, 8, 16, 7, 14

Rechne mit weiteren Startzahlen.
Markiere die Startzahlen in der Hundertertafel

a) grün, die im Kreisel 18, 9 enden.

b) blau, die im Kreisel 12, 6, 3 enden.

c) rot, die im Kreisel 14, 7, 16, 8, 4, 2, 1, 10, 5 enden.

⚡ Blitzrechnen: Halbieren im Hunderter

Gerade Zahl bis 100 nennen, legen oder zeichnen.　　Zahl halbieren.

---

6 Einige Beispiele zuerst gemeinsam rechnen und besprechen, dass sich die Zahlen am Schluss „im Kreis drehen" (daher „Kreisel"). In breiter Hundertertafel (KV) die Zahlen rot (blau, grün) markieren, die zum roten (blauen, grünen) Kreisel führen.　→ Arbeitsheft, Seite 11　⚡ Zur Grundlegung und zum weiteren regelmäßigen Üben evtl. Geld oder Tausenderbuch benutzen.　→ Verstehen und Trainieren 3, Seite 3

Kommaschreibweise von Geldbeträgen

1

a) Erkläre die Preistabelle und setze fort.

1 Kugel	0,70 €
2 Kugeln	1,40 €
3 Kugeln	2,10 €

b) Katharina möchte eine Eiswaffel mit 4 Kugeln. ?

c) Erfinde selbst Aufgaben.

2 Beim Bäcker. Setze beide Preislisten im Heft fort.

a)

1 Brötchen	0,35 €	1 Hörnchen	0,60 €
2 Brötchen	0,70 €	2 Hörnchen	1,20 €

b) Wie viel kosten Brötchen, ... bei eurem Bäcker? Lege Preislisten an.

Sprechweisen	Schreibweisen
„ein Euro fünfundfünfzig Cent"	1 € 55 ct
„ein Euro fünfundfünfzig"	1,55 €
„eins Komma fünf fünf Euro"	
„einsfünfundfünfzig"	

statt ~~X~~
nur 1.55

---

3 Lege die Preise mit Rechengeld nach und sprich die Beträge.

a) € 6,50 b) 65,– € c) PREIS 6.05 € d) 60.50 EURO

4 Lege mit Rechengeld und schreibe mit Komma.

a)
1 €	10 ct	1 ct
5	7	6
3	6	5
7	9	9
2	4	3
9	2	8

b)
10 €	1 €	10 ct	1 ct
1	2	5	3
2	0	0	2
1	9	1	1
7	5	6	4
8	9	9	8

4a) 5,76 €

5 Mutter geht mit Ina und Jens in ein Café. Jedes Kind bestellt eine Waffel mit Erdbeereis für 2 Euro. Mutter trinkt eine Tasse Kaffee. Wie viel müssen sie bezahlen?

6 Schreibe das Ergebnis als Kommazahl.

a) 3 mal 60 Cent
    3 mal 6 Cent

b) 3 mal 20 Cent
    5 mal 20 Cent

c) 6 mal 20 Cent
    6 mal 2 Cent

d) 3 mal 50 Cent
    3 mal 5 Cent

Kommaschreibweise von Geldbeträgen

7 Wie viel Euro? Schreibe den Betrag in eine Stellentafel und mit Komma.

! 100 Cent = 1,00 Euro
10 Cent = 0,10 Euro
1 Cent = 0,01 Euro

a)

7a)	10 €	1 €	10 ct	1 ct	
	2	1	0	5	21,05 €

b)    c)

d)    e)

f)    g)

h)   i)

8 a) Tobias hat gespart. Wie viel Geld ist es?   b) Mona hat 40 Euro mehr als Tobias.

c) Felix hat 20 Euro weniger als Tobias.

d) Isa hat doppelt so viel wie Felix.

9 Vergleiche die Beträge. < oder = oder >?

a) 3,50 € < 35,00 €   b) 1,80 € = 108 ct   c) 0,55 € < 550 ct   d) 50,50 € + 50 € > 100 €
18,00 € > 1,18 €   5,60 € = 560 ct   0,05 € = 5 ct   49,50 € + 50 € < 100 €
30,00 € > 3,00 €   0,98 € = 98 ct   55,00 € > 550 ct   75 € + 25 € = 100 €

10 Preise für eine einfache Fahrt:

6,00 Euro   5,00 Euro   1,60 Euro   2,80 Euro
4,20 Euro   8,40 Euro   20,00 Euro   1,50 Euro

a) Hin- und Rückfahrt kosten das Doppelte der einfachen Fahrt. Lege eine Tabelle an.

10a) Einfache Fahrt	Hin- und Rückfahrt
6,00 €	12,00 €

b) Eine Kinderfahrkarte kostet die Hälfte der einfachen Fahrt. Lege eine Tabelle an.

10b) Einfache Fahrt	Kinderfahrkarte
6,00 €	3,00 €

11 Schreibe das Ergebnis als Kommazahl.

a) 20 Cent mehr als 3 Euro   b) 20 Cent weniger als 3 Euro
   2 Cent mehr als 3 Euro   2 Cent weniger als 3 Euro

Größere – kleinere – gleiche Chancen

Würfeln mit zwei Würfeln

1 a) Würfle 20-mal und lege eine Strichliste an.

beide Zahlen gerade	beide Zahlen ungerade	eine Zahl gerade, die andere ungerade

b) Vergleiche mit deinem Nachbarn.

c) Was fällt euch auf? Versucht es zu begründen.

2 Die Summe der beiden Zahlen, die gewürfelt werden, heißt **Augensumme**.
Erkläre die Tabelle und beantworte mit ihrer Hilfe die folgenden Fragen.

Augen- summe	2	3	4	5	6	7	8	9	10	11	12
mögliche Würfe						6 + 1					
					5 + 1	5 + 2	6 + 2				
				4 + 1	4 + 2	4 + 3	5 + 3	6 + 3			
			3 + 1	3 + 2	3 + 3	3 + 4	4 + 4	5 + 4	6 + 4		
		2 + 1	2 + 2	2 + 3	2 + 4	2 + 5	3 + 5	4 + 5	5 + 5	6 + 5	
	1 + 1	1 + 2	1 + 3	1 + 4	1 + 5	1 + 6	2 + 6	3 + 6	4 + 6	5 + 6	6 + 6

a) Welche Augensummen sind möglich?

b) Welche Augensumme hat die größte Chance gewürfelt zu werden? Warum?

c) Welche Augensummen haben die kleinste Chance? Warum?

d) Welche Augensummen haben gleiche Chancen? Warum?

3 a) Vergleiche die Chancen von „Augensumme gerade" mit „Augensumme ungerade".

b) Vergleiche die Chancen von „Augensumme ist Zahl der 3er-Reihe" mit „Augensumme ist Zahl der 4er-Reihe".

Sicher – möglich – unmöglich? Entscheide.

4 Würfeln mit zwei Würfeln
a) Augensumme kleiner als 20.
b) Augensumme kleiner als 2.
c) Augensumme kleiner als 10.

5 a) Zwei Kinder der Klasse haben am gleichen Tag Geburtstag.
b) Eine Tochter und ihre Mutter sind gleich alt.
c) Jeden Morgen geht die Sonne auf.

24 ■ 1 Häufigkeiten experimentell ermitteln und vergleichen. 2, 3 Gleiche und unterschiedliche Chancen kombinatorisch erklären. Dabei gleiche Tabelle wie in Band 2, Seite 9, nutzen.

Größere – kleinere – gleiche Chancen

   6   Spielmaterial: roter, gelber und blauer Spielstein, 2 Würfel

Ein Kind würfelt mit zwei Würfeln.
Drei Kinder (rot, gelb, blau) setzen ihren Spielstein auf das gleichfarbige Startfeld.
Von dort aus dürfen sie wie angegeben weiterziehen. Wer als erster ins Ziel kommt, gewinnt.

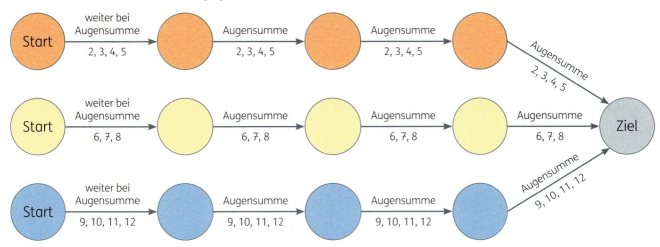

a) Führt das Spiel 10-mal durch und haltet in einer Strichliste fest, welcher Stein als erster im Ziel ist.

b) Sammelt und vergleicht eure Ergebnisse in der Klasse.

c) Welcher Stein hat die besten Gewinnchancen? Begründet eure Antwort mit der Tabelle in **2**.

Stein	rot	gelb	blau
gewonnen			

   7   Spielmaterial: roter und blauer Spielstein, 2 Würfel

Ein Kind würfelt mit zwei Würfeln.
Zwei Kinder (rot, blau) setzen ihren Spielstein auf das gleichfarbige Startfeld.
Von dort aus dürfen sie wie angegeben weiterziehen. Wer als erster ins Ziel kommt, gewinnt.

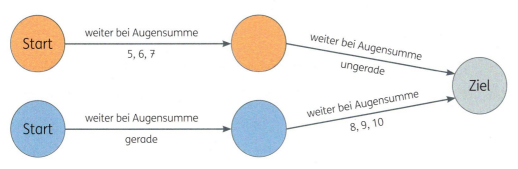

a) Führt das Spiel 10-mal durch und haltet in einer Strichliste fest, wer gewinnt.

b) Sammelt und vergleicht eure Ergebnisse in der Klasse.

c) Welcher Stein hat die besten Gewinnchancen? Begründet eure Antwort mit der Tabelle in **2**.

Stein	rot	blau
gewonnen		

6, 7 Zufallsexperimente. Die Zahlen bei den Pfeilen geben an, bei welchen Augensummen ein Stein weiterrücken darf. Chancen an Tabelle kombinatorisch vergleichen.

Spiegeln

Forschen und Finden

1 Aus ▲ mache

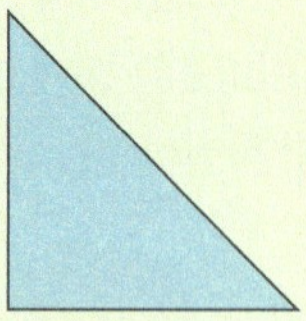

a) Quadrat
b) 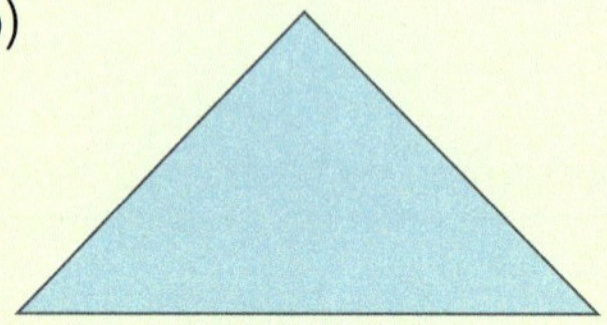 Dreieck
c) 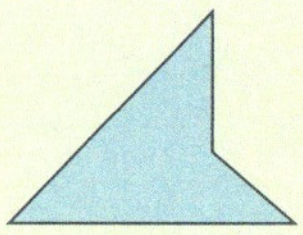 Viereck
d) 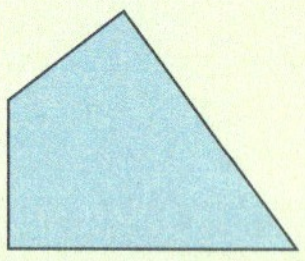 Drachenviereck
e)  Fünfeck
f) kleines Quadrat
g) 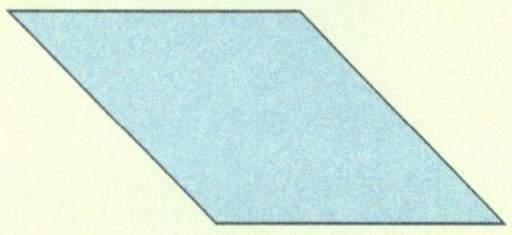 Raute

2 Aus ▰ mache

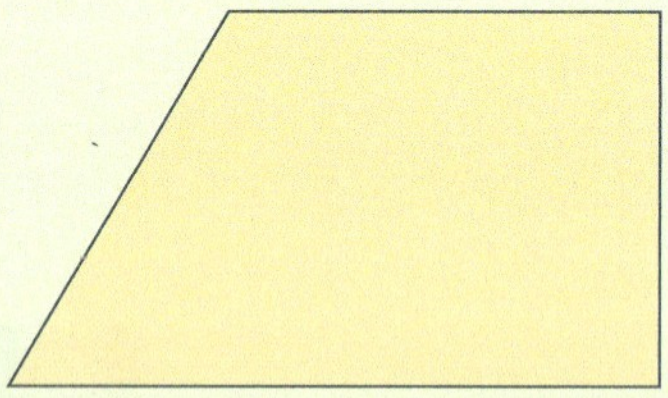

a) Quadrat
b) Rechteck
c) 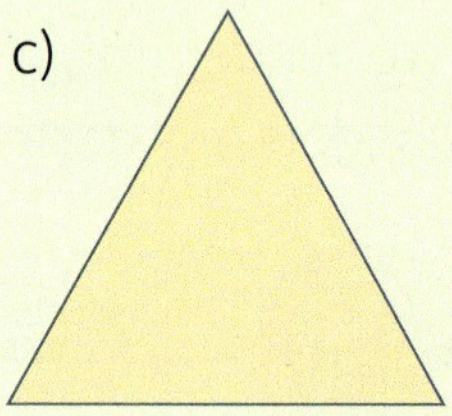 gleichseitiges Dreieck
d) 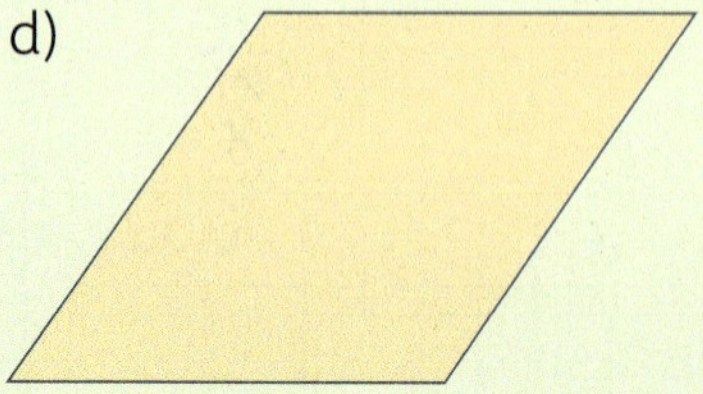 Raute
e) 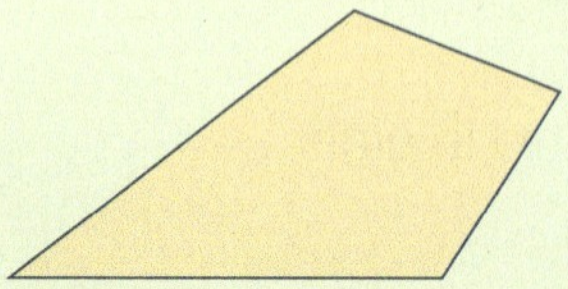 Drachenviereck
f) Warum ist diese Figur nicht möglich? Parallelogramm

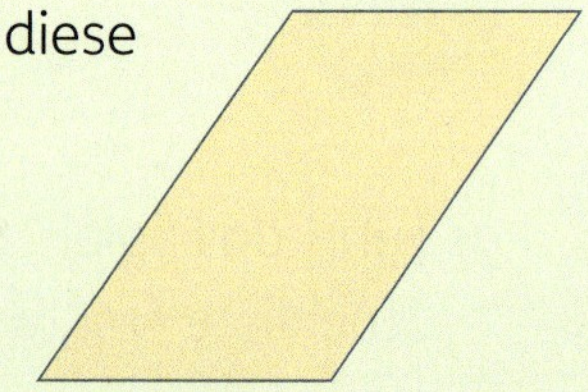

g) Erspiegele weitere Figuren. Zeichne sie in dein Heft.

1, 2 Spiegelsymmetrische Vielecke mit dem Spiegel probierend herstellen.

Spiegelbilder zeichnen

1 Zeichne die Figuren mit dem Lineal in dein Heft. Ergänze das Spiegelbild.
Setze den Spiegel auf die Symmetrieachse und überprüfe.

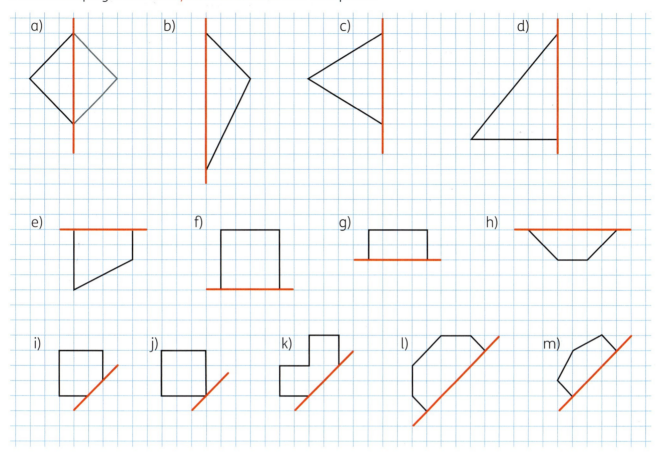

2 Spiegele auch deinen Vornamen.

3 Zeichne die Muster ab und ergänze das Spiegelbild.

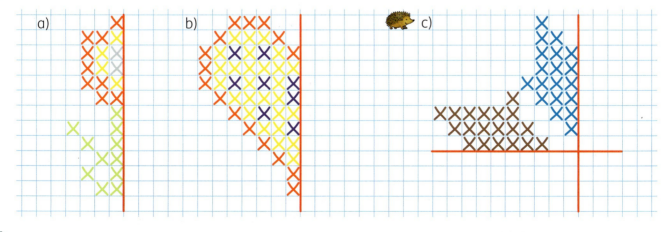

d) Erfinde selbst solche Muster.

■ 1–3 Spiegelbilder zeichnen. 3 c) Mehrfach spiegeln. Zuerst nach rechts und dann alles nach unten spiegeln oder zuerst nach unten und dann alles nach rechts. → Arbeitsheft, Seite 13

Schätzen und Zählen

 Wie viele Maiskörner?

a) Füllt drei gleiche Gläser zu einem Viertel, zur Hälfte und zu drei Vierteln mit Maiskörnern und schätzt deren Anzahl.

b) Zählt die Maiskörner in den Gläsern dann genau aus. Bildet immer Gruppen von 10 Maiskörnern.

c) Vergleicht die Anzahlen.

 a) Beobachtet, wie ein Kilometerzähler (beim Fahrrad oder Auto) zählt.

b) Wo gibt es noch „Zähler" im Haushalt?

1 Anzahl ungefähr bestimmen. Regelmäßige Anordnung der Sitzplätze beachten. **2** Anzahlen der Maiskörner in Gläsern schätzen, anschließend strukturiert zählen und vergleichen. **3** Transfer auf Lebenswelt.

Bündeln und Zählen

1 Wie viele Blumen sind in einer Schachtel, wie viele in einem Paket?

1 Blume
1 Strauß — 10 Blumen
1 Schachtel — 10 Sträuße
1 Paket — 10 Schachteln

2 Wie viele kleine Würfel bilden eine Platte, wie viele bilden einen großen Würfel?

   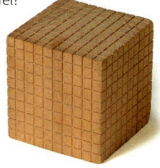

1 kleiner Würfel   1 Stange   1 Platte   1 großer Würfel (Block)

3 Bündeln.
a) 21 kleine Würfel und 8 Stangen. Reicht es für 1 Platte?
b) 18 kleine Würfel und 18 Stangen. Reicht es für 2 Platten?
c) 31 kleine Würfel, 17 Stangen und 9 Platten. Reicht es für 1 Block?
d) 19 kleine Würfel, 18 Stangen und 8 Platten. Reicht es für 1 Block?

4 Was bleibt übrig?
a) Du hast 2 Platten. Nimm 12 Stangen und 3 kleine Würfel weg.
b) Du hast 5 Platten. Nimm 2 Platten und 3 Stangen weg.
c) Du hast 1 Block. Nimm 1 Platte, 1 Stange und 1 kleinen Würfel weg.
d) Du hast 1 Block. Nimm 5 Platten und 5 kleine Würfel weg.

5 Wie viele Teelichte sind es?

6 Bildet 10 Gruppen. Jede Gruppe zählt 10 mal 10 Reiskörner ab.
a) Wie viele Reiskörner sind es zusammen?
b) Wie viel wiegen die Reiskörner zusammen?

1–6 Bündeln und Tauschen im Dezimalsystem. Größere Packungen als Repräsentanten neuer Zahleinheiten bewusst machen. → Arbeitsheft, Seite 14

Tausenderfeld

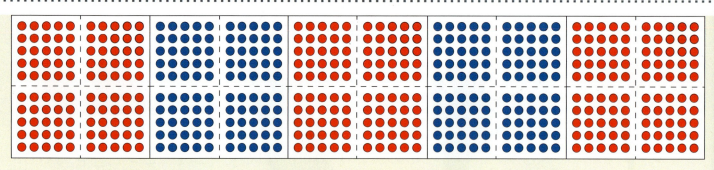

Das Tausenderfeld besteht aus 10 Hunderterfeldern. Jedes Hunderterfeld hat 10 Zehner.

1 Vergleiche die Zahlen. Wie viele Hunderter (H), Zehner (Z) und Einer (E) haben sie?

a)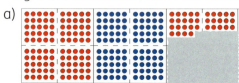

H	Z	E
2	3	4	234

zweihundertvierunddreißig

b)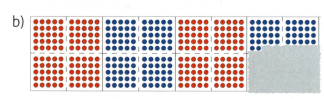

H	Z	E
3	4	2	342

dreihundertzweiundvierzig

c)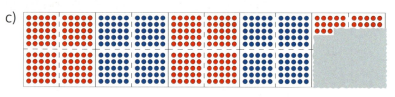

H	Z	E
4	2	3	423

vierhundertdreiundzwanzig

d)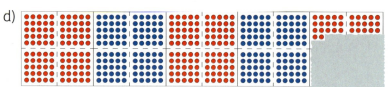

H	Z	E
4	3	2	432

vierhundertzweiunddreißig

2 Lies die Zahlen und zeige sie am Tausenderfeld.
a) 250, 500, 750, 1000
b) 99, 100, 599, 600
c) 156, 165, 516, 561
d) 200, 230, 236, 336
e) 703, 370, 730, 307
f) 615, 651, 605, 601

3 Zeige die Zahlen am Tausenderfeld und schreibe sie in die Stellentafel.

3a)
H	Z	E
2	0	3	203

30

■ 1–3 Orientierungsübungen am Tausenderfeld (evtl. KV, Tausenderbuch oder Seiten 134/135 benutzen). Zahlen zeigen, zeichnen und in der Stellentafel notieren, dabei Abkürzungen H, Z, E einführen. → Arbeitsheft, Seiten 15, 16

Tausenderfeld

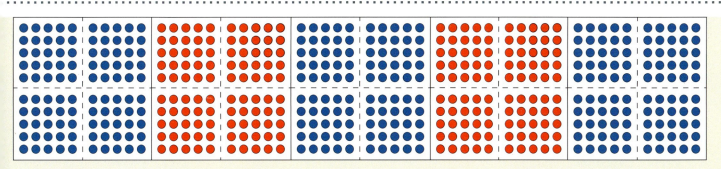

Jeder Zehner hat 10 Einer. Am Tausenderfeld kannst du alle Zahlen von 1 bis 1000 zeigen.

4 Zeige die Zahlen am Tausenderfeld. Schreibe und zeichne die Zahlbilder ins Heft.
a) 124, 142, 214, 241, 412, 421
b) 320, 230, 203, 322, 233, 332
c) 22, 220, 202, 222, 20

4a) 1 2 4 ☐ ▭

5
a) 300 + 40 + 6
300 + 60 + 4
300 + 80 + 5
300 + 80
300   + 6

b) 400 + 30 + 6
400 + 60 + 3
700 + 10 + 9
700 + 10
700   + 9

c) 400 + 40 + 4
400 + 40
400   + 4
      40 + 4
200 + 20 + 2

d) 900 + 30
900 + 30 + 7
900 + 70 + 3
900   + 9
900 + 90 + 9

5a) 3 0 0 + 4 0 + 6 = 3 4 6

6 Zerlege in Hunderter, Zehner und Einer.
a) 212, 601, 840, 888
b) 258, 221, 470, 123
c) 196, 205, 660, 67
d) 987, 789, 897, 798
e) 670, 760, 706, 607
f) 454, 544, 445, 554
g) 90, 909, 990, 99

6a) 2 1 2 = 2 0 0 + 1 0 + 2
      6 0 1 = 6 0 0   + 1

7 Was bedeutet die fett gedruckte Ziffer?
a) 3**4**7
b) **7**34
c) 2**0**6
d) **3**1
e) **8**35
f) 19**9**
g) **5**93
h) 95**7**
i) 95**7**
j) **9**57
k) 31**0**

7a) 4 Z

Blitzrechnen: Wie viele?

Zahl zeigen.

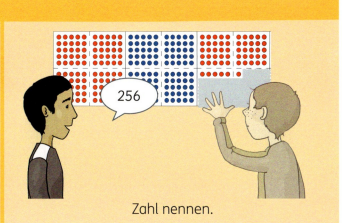
Zahl nennen.

---

4 Zu Zahlen Zahlbilder zeichnen. **5, 6** Zahlen zusammenfassen und zerlegen. **7** Stellenwerte benennen.
→ Arbeitsheft, Seiten 15, 16 ⚡ Zur Grundlegung und zum weiteren regelmäßigen Üben Seite 134 f. oder aufgeklappte Umschlagseite im Arbeitsheft benutzen. → Verstehen und Trainieren 3, Seiten 8, 9

Tausenderbuch

Das Tausenderbuch hat 10 Seiten. Jede Seite hat 10 Zeilen. Jede Zeile hat 10 Plätze.

1 Wie viele Plätze für Zahlen gibt es auf jeder Seite?

2 Lies die Zahlen und zeige ihre Plätze im Tausenderbuch.
a) 100, 200, 300, 400, 500, 600, 700, 800, 900, 1 000
b) 1, 101, 201, 301, 401, 501, 601, 701, 801, 901
c) 10, 110, 210, 310, 410, 510, 610, 710, 810, 910

3 Lies die Zahlen und zeige ihre Plätze im Tausenderbuch.
a) 95, 96, 97 bis 102
   295, 296, 297 bis 302
b) 56, 66, 76 bis 126
   374, 384, 394 bis 444
c) 911, 811, 711 bis 111
   507, 497, 487 bis 397

4
a) Schreibe alle Zahlen auf
   mit Einerziffer 4:   504, 514, 524, ...
   mit Einerziffer 9:   509, 519, ...
   mit Zehnerziffer 5: 550, 551, ...
   mit Zehnerziffer 2: 520, 521, ...
   mit Zehnerziffer 0: 501, 502, ...

b) Wo stehen die geraden Zahlen, wo die ungeraden?

c) Finde selbst Aufgaben.

5 Schreibe jeweils die roten, grünen, blauen und schwarzen Zahlen auf. Was fällt dir auf?

Orientierungsübungen am Tausenderbuch (evtl. KV, Tausenderbuch oder Seiten 134/135 benutzen).
→ Arbeitsheft, Seite 17

Tausenderbuch

Jede Zahl von 1 bis 1000 hat im Tausenderbuch ihren bestimmten Platz. Nicht alle Zahlen sind eingetragen.

6 Lege mit ⓪②③⑤⑦⑨ dreistellige Zahlen und zeige sie im Tausenderbuch.
  a) Finde die größte und die kleinste dreistellige Zahl.
     Hanno findet: 6a) 2 3 0 und 9 5 3   Geht es noch besser?
  b) Finde zwei dreistellige Zahlen, die möglichst nah bei 300 liegen.
     Maike findet: 6b) 2 9 5 und 3 0 7   Geht es noch besser?
  c) Finde zwei dreistellige Zahlen, die möglichst nah bei 700 liegen.
  d) Finde zwei dreistellige Zahlen, die möglichst nah bei 500 liegen.
  e) Finde zwei dreistellige Zahlen, die möglichst nah bei 640 liegen.

7 Wähle selbst sechs Ziffernkarten und überlege wie in **6**.

8 Suche im Tausenderbuch
  a) die kleinste Zahl mit drei verschiedenen Ziffern. b) die größte Zahl mit drei verschiedenen Ziffern.

9 Rot gegen Blau bis 1000 für 2 Spieler.
Spielmaterial: Tausenderbuch, Wendeplättchen
Start bei 0. Einigt euch, wer beginnt. Wer an der Reihe ist, legt immer mit ein oder zwei Plättchen seiner Farbe 1 oder 2 Hunderter weiter, bis 900 erreicht ist. Anschließend geht es mit 1 oder 2 Zehnern weiter, bis 990 erreicht ist. Zum Schluss wird mit 1 oder 2 Einerschritten weitergezogen. Wer genau 1000 erreicht, gewinnt.

Blitzrechnen: Welche Zahl?
Zahl zeigen.   Zahl nennen.

■ **6–8** Zahlen nach Vorgaben finden. **9** Weiterführung eines Spiels aus Band 2. Der erste Spieler beginnt, indem er ein Plättchen auf 100 oder je ein Plättchen auf 100 und 200 legt. → Arbeitsheft, Seite 17 ⚡ Zur Grundlegung und zum weiteren regelmäßigen Üben Seite 134 f. oder aufgeklappte Umschlagseite im Arbeitsheft benutzen. → Verstehen und Trainieren 3, Seiten 10, 11

Stellentafel

Tausender T	Hunderter H	Zehner Z	Einer E
	•••••	••	•••
	5	2	3

fünfhundertdreiundzwanzig

Tausender T	Hunderter H	Zehner Z	Einer E
	•••••••	•••	•
	7	3	1

siebenhunderteinunddreißig

An der Stellentafel kannst du Zahlen mit Plättchen legen.

1 Schreibe die Zahl mit Ziffern.

a) H: ••• | Z: •• | E: •••••

b) H: •• | Z: •••• | E: •••

c) H: •••• | Z: •••• | E: •

d) H: ••••• | Z: •••• | E: •

1a) 3 2 6

e) H: ••••• | Z: •••• | E: •

f) H: •••• | Z: ••••• | E:

g) H: • | Z: •••• | E: ••

2 Zeichne die Zahl in die Stellentafel.

a) 193, 931, 391, 319

2a)
	H	Z	E
1 9 3	•	•••••••••	•••
9 3 1	•••••••••	•••	•
3 9 1			
3 1 9			

b) 345, 354, 453, 435

c) 261, 612, 126, 216

d) 525, 255, 505, 250

e) 403, 430, 340, 304

3 Lies die Zahl, zeichne sie in die Stellentafel und schreibe sie mit Ziffern.

a) siebenhundertdreiundfünfzig
siebenhundertfünfunddreißig
fünfhundertdreiundsiebzig
fünfhundertsiebenunddreißig

b) achthundertzweiundsechzig
achthundertsechsundzwanzig
sechshundertzweiundachtzig
sechshundertachtundzwanzig

4 Zählt an der Stellentafel von 89 bis 102. Beachtet, dass ihr dabei wechseln müsst.

> ! 10 Einer = 1 Zehner
> 10 Zehner = 1 Hunderter
> 10 Hunderter = 1 Tausender

5 Legt die Zahl an der Stellentafel, verändert sie. Beschreibt, wie ihr wechseln müsst.

a) Legt 299 und fügt 1 Einer dazu.

b) Legt 499 und fügt 1 Zehner dazu.

c) Legt 387 und fügt 3 Einer dazu.

d) Legt 491 und fügt 9 Einer dazu.

e) Legt 789 und 1 Einer und 1 Zehner dazu.

f) Legt 999 und 1 Einer dazu.

1–5 Stellentafel und Zähler (KV) benutzen. 4, 5 Gemeinsam bearbeiten. → Arbeitsheft, Seite 18

Stellentafel

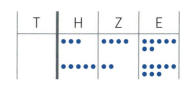

6 Plusaufgaben lösen wie vor 1000 Jahren.
  a) Lege die Zahlen 347 und 528 an der Stellentafel.
     Schiebe die Plättchen in jeder Spalte zu einer einzigen Zahl zusammen und wechsle.
     Welche Zahl erhältst du?

  b) Rechne die Plusaufgabe 347 + 528 mit dem Rechenweg „Hunderter plus Hunderter, Zehner plus Zehner, Einer plus Einer" und vergleiche mit a).

7 Stellt euch selbst ähnliche Plusaufgaben und löst sie mit Plättchen an der Stellentafel.

8 a) Jule hat die Zahl 438 mit Plättchen an der Stellentafel gelegt.
     Sascha legt ein Plättchen dazu.
     Welche Zahlen können es jetzt sein?

  b) Luis hat die Zahl 752 mit Plättchen an der Stellentafel gelegt.
     Elia nimmt ein Plättchen weg.
     Welche Zahlen können es jetzt sein?

9 Lukas hat die Zahl 312 mit Plättchen an der Stellentafel gelegt.
Ugur verschiebt ein Plättchen.
Welche Zahlen können es jetzt sein?

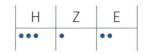

10 Wie viele Plättchen benötigst du, um die Zahlen an der Stellentafel zu legen?
  a) 267   10a) 2 + 6 + 7 = 15 Plättchen
  b) 403   c) 711   d) 45   e) 100
  f) 110   g) 999   h) 109   i) 19

> **!** Die Summe der Ziffern einer Zahl heißt Quersumme. Die Quersumme gibt an, wie viele Plättchen man braucht, um die Zahl an der Stellentafel zu legen.

11 a) Welche Zahlen im Tausenderbuch kannst du an der Stellentafel mit einem einzigen Plättchen legen?

  b) Welche Zahlen kannst du mit zwei Plättchen legen?

12 Finde alle geraden Zahlen im Tausenderbuch mit der Quersumme 8.
Schreibe sie geordnet auf.

12) 8, 26, 44,

13 Suche zwei Zahlen zwischen 100 und 200 mit der Quersumme 6.
Das Doppelte der Zahlen soll die Quersumme 3 haben.

Tausenderreihe

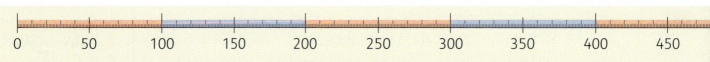

An der Tausenderreihe sind die Zahlen von 0 bis 1000 aufgereiht.

1 Zeige an der Tausenderreihe: 20, 200, 220, 350, 530, 180, 810, 460, 640.

2 Ordne die Zahlen ungefähr am Rechenstrich.

a) | 206 | 240 | 200 | 262 | 305 | 286 |

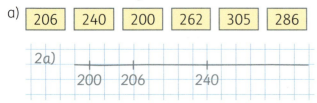

b) | 270 | 540 | 630 | 450 | 720 | 360 |

c) | 452 | 525 | 484 | 490 | 425 | 622 |

d) | 539 | 785 | 910 | 603 | 898 | 599 |

3 a) Starte mit 395 und zähle fünf Schritte vorwärts.

Immer 1 weiter:

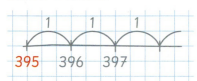

Immer 10 weiter:

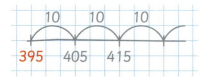

Immer 100 weiter:

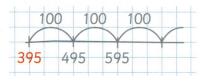

Starte auch mit b) 288, c) 493, d) 272.

4 a) Starte mit 905 und zähle fünf Schritte rückwärts.

Immer 1 zurück:

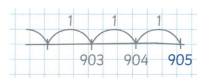

Immer 10 zurück:

Immer 100 zurück:

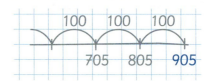

Starte auch mit b) 611, c) 710, d) 888.

5 Die letzten 1000 m vor der Ausfahrt. Erzähle.

36 — Orientierungsübungen an Tausenderreihe. **2–4** Ordnen und Zählen in Schritten mithilfe des Rechenstrichs. Am Rechenstrich muss die Lage der Zahlen nur ungefähr stimmen. **5** Transfer der Tausenderreihe in Lebenswelt.
→ Arbeitsheft, Seite 19   → Verstehen und Trainieren 3, Seite 13

Tausenderreihe

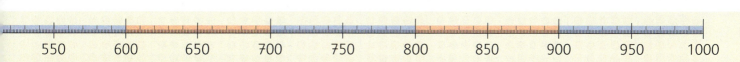

Angegeben sind nur die Hunderterzahlen und die Fünfzigerzahlen.

6 Vergleiche. < oder = oder >?
a) 128 ● 182 b) 564 ● 546 c) 801 ● 810 d) 789 ● 879 e) 997 ● 919
   232 ● 223   465 ● 546   837 ● 873   879 ● 978   971 ● 979
   345 ● 354   645 ● 656   855 ● 585   897 ● 789   991 ● 901

7 Schreibe die Nachbarzahlen auf.
a) 350, 409, 499, 510, 550   7a) 349, **350**, 351   b) 651, 708, 798, 818, 991
c) Wähle eigene Zahlen.

8 Ergänze zum nächsten Hunderter.
a) 273, 437, 675, 777, 878

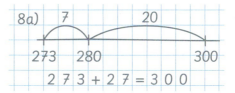

b) 365, 625, 665, 695, 636

c) 420, 481, 493, 41, 781

9 Ergänze bis 1000.
a) 335, 445, 655, 775, 885

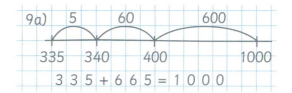

b) 350, 450, 650, 730, 820

c) 581, 618, 815, 685, 568

10 Finde die Mitte zwischen
a) 460 und 500,   b) 100 und 500,   c) 140 und 240,
                       d) 380 und 520,   e) 320 und 600,

                       f) 100 und 740,   g) 342 und 372,
                       h) 214 und 300,   i)   0 und 1000.

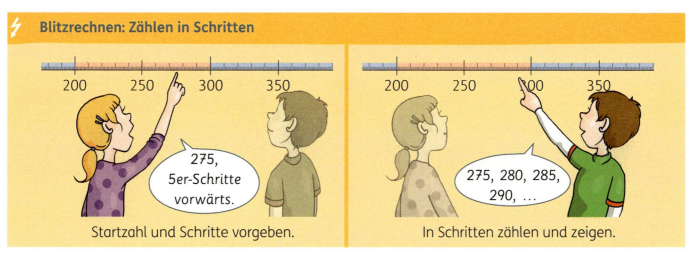

6–10 Orientierungsübungen an Tausenderreihe. → Arbeitsheft, Seite 19 Zur Grundlegung und zum weiteren regelmäßigen Üben Tausenderstrahl (oben) oder Tausenderbuch (Seite 134 f. oder aufgeklappte Umschlagseite im Arbeitsheft) benutzen. → Verstehen und Trainieren 3, Seite 14

Ergänzen bis 1000

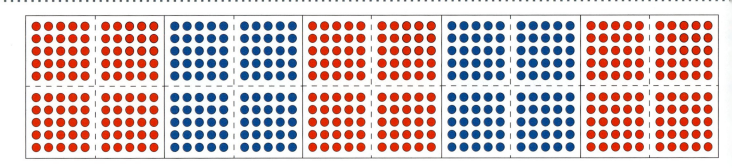

1 Immer 1000

a) 500 + ...
   800 + ...
   200 + ...

b) 400 + ...
   460 + ...
   440 + ...

c) 995 + ...
   996 + ...
   997 + ...

d) 850 + ...
   860 + ...
   870 + ...

e) 498 + ...
   499 + ...
   501 + ...

2

a)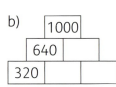
1000 / 750 / 710

b) 1000 / 640 / 320

c)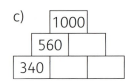
1000 / 560 / 340

d) 1000 / 880 / 760

e) 1000 / 798 / 687

3 Schöne Päckchen. Setze fort.

a) 111 + ... = 1000
   222 + ... = 1000
   333 + ... = 1000
   444 + ... = 1000

b) 321 + ... = 1000
   432 + ... = 1000
   543 + ... = 1000
   654 + ... = 1000

c) 123 + ... = 1000
   234 + ... = 1000
   345 + ... = 1000
   456 + ... = 1000

d) 101 + ... = 1000
   202 + ... = 1000
   303 + ... = 1000
   404 + ... = 1000

4 Schöne Päckchen?

a) 125 + ... = 1000
   250 + ... = 1000
   375 + ... = 1000
   400 + ... = 1000
   625 + ... = 1000

b) 198 + ... = 1000
   297 + ... = 1000
   396 + ... = 1000
   495 + ... = 1000
   594 + ... = 1000

c) 80 + ... = 1000
   160 + ... = 1000
   240 + ... = 1000
   310 + ... = 1000
   400 + ... = 1000

d) 90 + ... = 1000
   180 + ... = 1000
   270 + ... = 1000
   360 + ... = 1000
   440 + ... = 1000

Blitzrechnen: Ergänzen bis 1000

Zahl legen und nennen.

282 + 718

Bis 1000 ergänzen.

1–4 Tausenderfeld benutzen. → Arbeitsheft, Seite 20. Zur Grundlegung und zum weiteren regelmäßigen Üben Tausenderbuch (oben, Seite 134f. oder aufgeklappte Umschlagseite im Arbeitsheft) benutzen.
→ Verstehen und Trainieren 3, Seite 15

1000 teilen

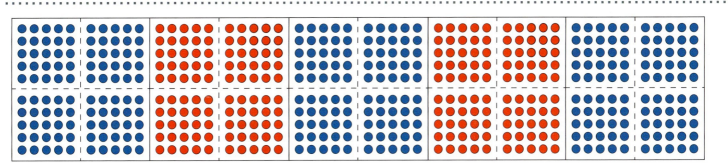

1 100 teilen, 1000 teilen. Vergleiche.

a) 100 = ... · 50
100 = ... · 25
100 = ... · 20
100 = ... · 10
100 = ... · 1

b) 1000 = ... · 500
1000 = ... · 250
1000 = ... · 200
1000 = ... · 100
1000 = ... · 10

c) 1000 = ... · 50
1000 = ... · 25
1000 = ... · 20
1000 = ... · 10
1000 = ... · 1

d) 1000 = ... · 8
1000 = ... · 4
1000 = ... · 2

e) Kann man 1000 auch in 3, 6, 7 oder 9 Teile teilen?

2 Überlege am Tausenderfeld.
 a) Wie viel Euro sind 1000 Cent?
 b) Wie viele Meter sind 1000 Zentimeter?

3 Fragen und Schätzen
Schätze ungefähr.

a)
100 Wochen sind ungefähr wie viele Jahre?

b)
1000 Wochen sind ungefähr wie viele Jahre?

c) 1000 Tage sind ungefähr wie viele Jahre?

d) 1000 Kinder gehen in ungefähr wie viele Klassen?

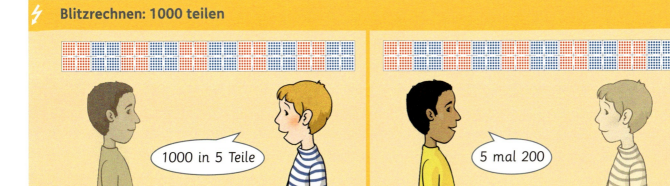

Blitzrechnen: 1000 teilen

"1000 in 5 Teile" — Aufgabe nennen (1000 in 10, 8, 5, 4 oder 2 Teile).

"5 mal 200" — Aufgabe rechnen.

■ **1–3** Tausenderfeld benutzen. → Arbeitsheft, Seite 20 ⚡ Zur Grundlegung und zum weiteren regelmäßigen Üben Tausenderbuch (oben, Seite 134 f. oder aufgeklappte Umschlagseite im Arbeitsheft) benutzen.
→ Verstehen und Trainieren 3, Seiten 16, 17

Mit Geld rechnen

Heute wird in vielen europäischen Ländern mit dem Euro bezahlt.

1 Erkundige dich, welche Länder den Euro eingeführt haben.

2 Wie viel Euro?

a)   b)   c)

3 Lege die Geldbeträge. Finde zwei verschiedene Möglichkeiten.

a) 520 Euro   b) 466 Euro   c) 397 Euro   d) 832 Euro   e) 999 Euro

| 3a) 520 € = 500 € + 20 € |
| 520 € = 200 € + 200 + 100 € + 10 € + 10 € |

4 Verdopple und halbiere. Schreibe in die Tabelle.
a) 200 Euro, 444 Euro, 480 Euro, 500 Euro
b) 130 Euro, 150 Euro, 350 Euro, 470 Euro
c) 128 Euro, 264 Euro, 332 Euro, 398 Euro

4a) die Hälfte	Betrag	das Doppelte
100 €	200 €	400 €
	444 €	

⚡ Blitzrechnen: Verdoppeln im Tausender

„230"

Zehnerzahl bis 500 nennen, legen oder zeichnen.

„Das Doppelte ist 460."

Zahl verdoppeln.

1–3 Euroscheine kennenlernen und Eurobeträge verschieden legen. 4 Eurobeträge verdoppeln und halbieren. → Arbeitsheft, Seite 21 ⚡ Zur Grundlegung und zum weiteren regelmäßigen Üben evtl. Geld oder Tausenderbuch benutzen. → Verstehen und Trainieren 3, Seiten 12, 18

Mit Geld rechnen

5 Lege mit möglichst wenigen Scheinen und Münzen.
  a) 275 Euro, 163 Euro, 847 Euro, 629 Euro, 707 Euro
  b) 199 Euro, 299 Euro, 536 Euro, 236 Euro, 136 Euro

5a) 275 € = 200 € +

6 Immer 800 Euro. Wie viel Euro fehlen noch?
  a) 750 Euro, 450 Euro, 150 Euro, 50 Euro, 250 Euro
  b) 310 Euro, 330 Euro, 350 Euro, 370 Euro, 390 Euro

6a) Immer 800 Euro
    750 € + 50 €

7 Immer 500 Euro. Wie viel Euro fehlen noch?
  a) 400 Euro, 75 Euro, 375 Euro, 250 Euro, 305 Euro
  b) 295 Euro, 495 Euro, 395 Euro, 95 Euro, 195 Euro
  c) Wähle eigene Eurobeträge.

8 Kannst du mit 1, 2, 3, 4, 5, 6, 7, 8, 9 oder 10 Scheinen
  a) 1000 Euro legen?   b) 500 Euro legen?   c) 200 Euro legen?

9 Im Geldbeutel sind 3 verschiedene Geldscheine. Es ist kein 500-Euro-Schein und kein 200-Euro-Schein dabei.
  a) Wie viel Euro sind es höchstens?
  b) Wie viel Euro sind es mindestens?
  c) Welcher Geldbetrag kann es sein?

10 Jonas hat 50 Euro in Scheinen.
  a) Wie viele Scheine sind es höchstens?
  b) Wie viele Scheine sind es mindestens?
  c) Welche Scheine können es sein?

11 Ein Vater kauft für seine Kinder ein kleines Fahrrad und ein großes Fahrrad mit Gangschaltung. Das große Fahrrad ist 40 Euro teurer als das kleine. Der Rechnungsbetrag ist 500 Euro. ?

| Gesamtpreis 500 € ||
| kleines Fahrrad? | großes Fahrrad? |

12 Eine Mutter und ihr Sohn fahren mit der Bahn in den Urlaub. Kinder zahlen die Hälfte. Zusammen kostet die Fahrt 450 Euro. ?

| Gesamtpreis 450 € ||
| Mutter? | Kind? |

Blitzrechnen: Halbieren im Tausender

Zehnerzahl bis 1000 nennen, legen oder zeichnen.

Zahl halbieren.

Meter und Zentimeter

Der Meterstab hat 10 gleich große Abschnitte.
Ein Abschnitt misst 10 Zentimeter (1 Dezimeter).

1 Messt mit Fingerspannen aus und messt genau. Vergleicht.

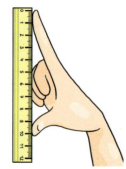

a) Stuhl, Sitzhöhe
b) Tisch, Höhe, Länge, Breite
c) kleines Heft
d) großes Heft
e) großer Zeichenblock
…

1)	Fingerspannen	genau
a) Stuhl, Sitzhöhe	4	4 2 cm
b) Tisch, Höhe		
Tisch, Länge		

! 1 Meter hat 100 Zentimeter.
1 m = 100 cm
1 Dezimeter hat 10 Zentimeter.
1 dm = 10 cm

2 Längen kann man in unterschiedlichen Schreibweisen angeben.

a) Erkläre an der Stellentafel.

m	dm	cm
4	1	7

4 m 17 cm   417 cm   4,17 m

m	dm	cm
5	0	4

5 m 4 cm   504 cm   5,04 m

b) Ergänze immer die fehlenden Schreibweisen.

2 m 21 cm, …, …   …, …, 3,05 m   …, 186 cm, …
4 m 8 cm, …, …   …, …, 6,20 m   …, 602 cm, …

! 100 cm = 1,00 m
10 cm = 0,10 m
1 cm = 0,01 m

3 Bei einem Sportfest werden folgende Weiten im Weitsprung gemessen:

Anna: 3 m 1 cm   Max: 3 m 29 cm
Selina: 2 m 21 cm   Simon: 2 m 90 cm
Nele: 2 m 77 cm   Farid: 2 m 8 cm

a) Wie weit springst du?

b) Zeichne die Längen mit Kreide auf den Schulhof.

c) Ordne die Längen der Größe nach.
   Beginne mit der kleinsten.

d) Schreibe alle Längen als Kommazahl.

1–3 Wiederholung Meter, Zentimeter. Erklärung der Hundertergliederung und der Kommaschreibweise an der Stellentafel. → Arbeitsheft, Seite 22

Kilometer und Meter

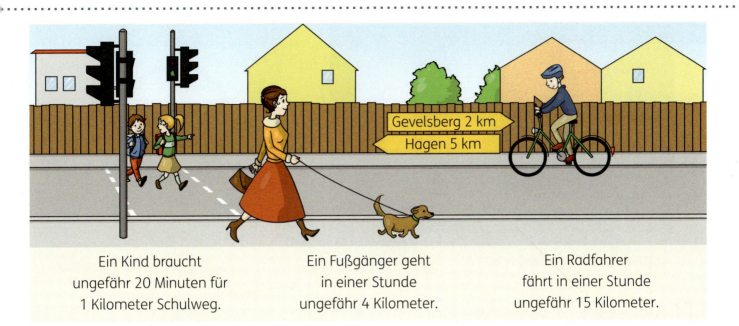

Ein Kind braucht ungefähr 20 Minuten für 1 Kilometer Schulweg.

Ein Fußgänger geht in einer Stunde ungefähr 4 Kilometer.

Ein Radfahrer fährt in einer Stunde ungefähr 15 Kilometer.

1 a) Wie lange braucht ein Fußgänger für 1 Kilometer?

b) Wie lange braucht ein Fahrradfahrer für 1 Kilometer?

c) Wie lange brauchst du für deinen Schulweg? Wie lang ist er ungefähr? Zeichne eine Skizze.

> **!** 1 Kilometer hat 1000 Meter.
> **1 km = 1000 m**
> Ein halber Kilometer hat 500 Meter.

2 Trage die verschiedenen Schulwege in eine Stellentafel ein und schreibe in m.

Amelie: 1 km 250 m   Jakob: 2 km 100 m
Moritz: 450 m   Ayse: 1 km 150 m
Marie: 1 km 45 m   Emma: 821 m
Ahmed: 2 km 75 m   Lisa: 1 km 110 m
Elisa: 636 m   Niklas: 950 m

2)	1 km	100 m	10 m	1 m	
Amelie	1	2	5	0	1250 m
Moritz					450 m

3 Ergänze zu 1 km.

a) 950 m, 500 m, 750 m, 250 m, 650 m

b) 890 m, 430 m, 610 m, 955 m, 898 m

3a) 950 m + 50 m = 1 km

4 So weit entfernen sich Tiere von ihren Schlafplätzen, wenn sie auf Futtersuche gehen. Ordne der Länge nach. Beginne mit der kleinsten. Zeichne eine Skizze.

Ameisen
bis 50 m

Steinmarder
bis 1 km

Kröten
bis 150 m

Schlupfwespen
bis 100 m

Igel
bis 250 m

Kilometerzähler

1

Wozu benutzt die Polizei einen Meterzähler?

2 Ein 25er-Reifen legt bei einer Umdrehung etwa 2 m zurück. Wie oft müssen sich die Räder drehen, bis 10 m, 100 m, 250 m, 500 m und 1 km zurückgelegt sind?
Lege eine Tabelle an.

2)	2 m	10 m	100 m
	1 U.		

2 m

3 Mit jedem Fahrradreifen kann man messen.
  a) Schiebe dein Rad so, bis das vordere Ventil ganz unten ist. Dein Partner zeichnet am Ventil einen Kreidestrich auf den Boden. Schiebe das Fahrrad weiter, bis das Ventil wieder ganz unten ist. Dein Partner zeichnet wieder einen Kreidestrich. Messt die Strecke zwischen den Strichen.
  b) Wie oft muss sich das Rad für 1 Kilometer drehen?
  c) Vergleicht mit dem 25er-Reifen.

4 Luis und Felix fahren mit dem Rad von Hameln nach Lemgo.

Kilometerzähler von Luis
Abfahrt: 247
Ankunft: 285

Tages-Kilometerzähler von Felix
Abfahrt: 0
Ankunft: 37

Rechne und vergleiche.

Der Kilometerzähler misst die Anzahl der Umdrehungen eines Rades und zeigt die gefahrenen Kilometer an. Bei einem 25er-Reifen springt er immer nach 500 Umdrehungen um 1 Kilometer weiter.

1 Funktionsweise eines Messrades (Meterzähler) klären. **2, 3** Funktionsweise eines Kilometerzählers am Fahrrad klären.
4 Unterschiedliche Nutzung von Kilometerzählern herausarbeiten.

Mit dem Fahrrad unterwegs

Emilia, Leon und Anna machen mit ihren Eltern eine Radtour von Dülmen nach Carolinensiel an die Nordsee und zurück.

1 Auf der Hinfahrt stellt Leon jeden Morgen den Zähler auf 0 und liest jeden Abend die gefahrenen Kilometer ab.
  a) Wie lang ist der gesamte Weg?
  b) Wie weit ist es von Dülmen nach Meppen und von Meppen nach Carolinensiel?
  c) Wie weit ist es von Dülmen nach Papenburg und von Papenburg nach Carolinensiel?
  d) Wie weit ist es von Bad Bentheim nach Leer?
  e) Wo ungefähr ist die Hälfte der Hinfahrt zurückgelegt? Zeige an der Karte.

```
Dülmen
  ↓  68 km
Bad Bentheim
  ↓  71 km
Meppen
  ↓  75 km
Papenburg
  ↓  38 km
Leer
  ↓  73 km
Carolinensiel
```

2 Zurück nehmen sie einen anderen Weg. Dieses Mal stellt Anna bei der Abfahrt den Zähler auf 0 und liest jeden Abend den Zwischenstand ab.
  a) Wie weit ist es von Cloppenburg nach Dülmen?
  b) Wie weit ist es von Bad Zwischenahn nach Warendorf?
  c) Wo ungefähr ist die Hälfte der Rückfahrt zurückgelegt? Zeige an der Karte.
  d) Wie viele Kilometer sind sie am 1., 2., 3., 4. und 5. Tag gefahren?

```
Carolinensiel    0 km
  ↓
Bad Zwischenahn  78 km
  ↓
Cloppenburg     121 km
  ↓
Dammer Berge    178 km
  ↓
Warendorf       251 km
  ↓
Dülmen          319 km
```

3 Wie weit sind sie insgesamt (Hin- und Rückfahrt) gefahren?

Sachaufgaben zum Kilometerzähler. **1–3** Entfernungen berechnen. → Arbeitsheft, Seite 23

Das menschliche Skelett

1 Hier siehst du das Röntgenbild einer linken Hand und eines linken Fußes. Vergleiche.

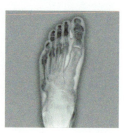

2 Wie viele Knochen sind es insgesamt? Schätze zuerst.

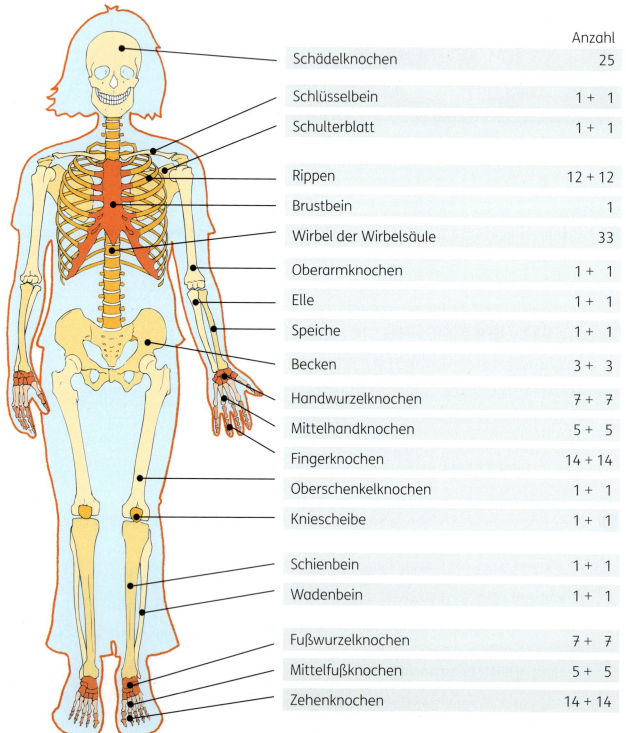

	Anzahl
Schädelknochen	25
Schlüsselbein	1 + 1
Schulterblatt	1 + 1
Rippen	12 + 12
Brustbein	1
Wirbel der Wirbelsäule	33
Oberarmknochen	1 + 1
Elle	1 + 1
Speiche	1 + 1
Becken	3 + 3
Handwurzelknochen	7 + 7
Mittelhandknochen	5 + 5
Fingerknochen	14 + 14
Oberschenkelknochen	1 + 1
Kniescheibe	1 + 1
Schienbein	1 + 1
Wadenbein	1 + 1
Fußwurzelknochen	7 + 7
Mittelfußknochen	5 + 5
Zehenknochen	14 + 14

3 Welche Knochen kommen links und rechts vor?

4 Welche Knochen kannst du fühlen?

■ **1** Analogie der Knochenstruktur von Hand und Fuß aufzeigen. **2** Anzahl der Knochen möglichst vorteilhaft berechnen. Analogie von **1** in Tabelle wiederfinden. **3** Symmetrie des menschlichen Skeletts (KV) besprechen.

Symmetrisch – nicht symmetrisch

Tagpfauenauge

Beide Hälften des Schmetterlings passen genau aufeinander.
Sie sind deckungsgleich.
Der Schmetterling ist symmetrisch.
Er hat eine Symmetrieachse.

1 Schneide verschiedene Schmetterlinge aus und male die Flügel symmetrisch an.

Symmetrieachse

2 Welche Buchstaben und welche Ziffern sind symmetrisch?

3 Ungefähr symmetrisch oder nicht symmetrisch? Prüfe mit dem Spiegel.

a)
Pfau

b)
Schleiereule

c)
Rote Krabbe

d)
Libelle

e)
Winkerkrabbe

f)
Hirsch

4 Überlege, was hier passiert.
a) Achte auf die Räder.

b) **Fahrrad-Unfall**

Am Dienstag um 17 Uhr stürzte eine Fahrradfahrerin (31) auf der Kölner Straße, Ecke Wiesenweg und brach sich den Arm. Nach Zeugenaussagen hatte sie ihre schwere Einkaufstasche am Lenker hängen.

■ An Lebewesen und Pflanzen (angenäherte) Symmetrie bzw. Unsymmetrie aus der Funktion erklären.
→ Arbeitsheft, Seite 24

Der Sonnenlauf

Im Osten geht die Sonne auf.
Im Süden steigt sie hoch hinauf.
Im Westen wird sie untergeh'n.
Im Norden ist sie nie zu seh'n.

1 Wie kann man die Himmelsrichtungen finden?

2 Zeichnet das Kreuz der Himmelsrichtungen auf euren Schulhof.

3 An drei Dingen kannst du erkennen, woher der Wind weht. Welche sind das?

4 a) In welche Himmelsrichtung fliegt das Flugzeug?
b) In welche Himmelsrichtung fließt der Fluss?
c) In welche Himmelsrichtung fährt der Lastwagen?

5 Erstellt eine Lageskizze von eurem Schulhof und der Schule. Zeichnet auch die Himmelsrichtungen ein.

1, 2 Festlegung der Himmelsrichtungen nach dem Sonnenlauf und mit Geräten. **3–5** Verwendung der Himmelsrichtungen für Lagebeziehungen.

Flächen- und Körperformen

1

a) Welche Flächenformen erkennst du an den Gebäuden wieder?

Quadrat   Rechteck   beliebiges Viereck

symmetrisches Dreieck   Kreis   beliebiges Dreieck

b) Welche Körperformen erkennst du an den Gebäuden wieder?

Würfel   Quader   Zylinder

Kegel   Kugel   Pyramide

2 Suche in deiner Umgebung Gegenstände, die ungefähr die Form der Körper haben.

3 a) Baue einen Kegel, einen Zylinder und eine Pyramide aus Tonpapier nach.

b) Welche der Körper kann man mit Zahnstochern und Knete bauen?

c) Wie viele Zahnstocher (Kanten) und Knetkugeln (Ecken) benötigt man?

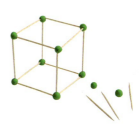

4 Welche Körper in **1** b) siehst du von oben, von unten oder von der Seite als Quadrat, Rechteck, Dreieck oder Kreis?

5 a) Forme aus Knetmasse einen Kegel und einen Würfel. Schneide die Körper in zwei gleiche Teile.

b) Welche Schnittflächen entstehen?

■ **1, 2, 4** Flächen- und Körperformen in der Umwelt erkennen und beschreiben. **3, 5** Flächen- und Kantenmodelle der Körper nachbauen und untersuchen.

Baumdiagramm

1 Wie viele Zahlenkombinationen gibt es?

Bei einem Zahlenschloss kann man drei Ziffern einstellen.
Wie viele Kombinationen gibt es, wenn man weiß, dass es
die Ziffern 2, 5 und 7 sind, aber nicht die Reihenfolge kennt?

Bea 257, 275, 527, 572, 725, 752

Otto 572 725
               257
      275 527

Elif 752
      725
      572
      527
      275
      257

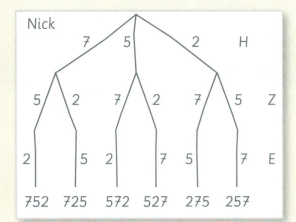

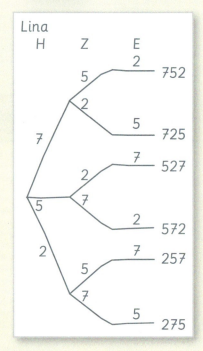

Wie haben die Kinder überlegt?
Welche Kinder können sicher sein, keine Möglichkeit vergessen zu haben?
Vergleicht mit eurer Lösung.

2 Lege und überlege.
Welche dreistelligen Zahlen kannst du mit den Ziffernkarten legen?
Schreibe alle Möglichkeiten geordnet auf oder zeichne ein Baumdiagramm wie Nick oder Lina.
a) [1] [5] [6]   b) [4] [6] [8]   c) [3] [5] [9]

3 Lege alle dreistelligen Zahlen mit den Ziffernkarten.
a) [2] [6] [6]   b) [7] [8] [8]   c) [5] [5] [5]

4 Legt dreistellige Zahlen aus den Ziffernkarten [1] [2] [5] [7].
Könnt ihr alle finden?
Schreibt sie geordnet auf oder zeichnet ein Baumdiagramm.

1 Verschiedene Wege zur Bestimmung der Permutationen von drei Ziffern. Dabei Einführung des Baumdiagramms (Mathekonferenz). 2–4 Übertragung auf analoge Aufgaben.

Mit großen Zahlen rechnen wie mit kleinen

1 Immer +4.

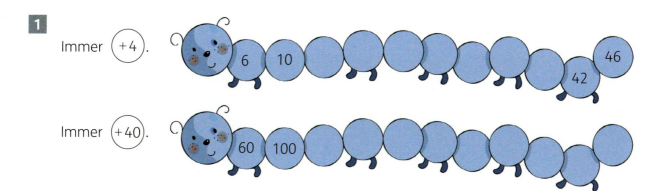

Immer +40.

2 Schöne Päckchen. Setze fort.
a) 94 + 6
88 + 12
82 + 18
76 + 24

b) 940 + 60
880 + 120
820 + 180
760 + 240

3 Schöne Päckchen. Setze fort.
a) 10 − 4
9 − 3
8 − 2
7 − 1

b) 100 − 40
90 − 30
80 − 20
70 − 10

c) 1000 − 400
900 − 300
800 − 200
700 − 100

4 a)
10
10 · 1
5 · 2
2 · 5

100
10 ·
5 ·
2 ·

1000
10 ·
5 ·
2 ·

b)
50
10 ·
5 ·
2 ·

500
10 ·
5 ·
2 ·

c)
90
10 ·
9 ·
2 ·

900
10 ·
9 ·
2 ·

5 a) Pyramide: oben 10, unten 1, __, 5

b) Pyramide: oben 100, unten 10, __, 50

c) Pyramide: oben 1000, unten 100, __, 500

6 1 + 2 + 3 + 4
10 + 20 + 30 + 40
100 + 200 + 300 + 400

7 a) 7 + 2
70 + 2
700 + 2

b) 7 + 20
70 + 20
700 + 20

c) 7 + 200
70 + 200
700 + 200

8 a) 3 + 5
3 + 50
3 + 500

b) 30 + 5
30 + 50
30 + 500

c) 300 + 5
300 + 50
300 + 500

9 a) Start 10 → ·2 → 20 → +40 → 60 → :2 → Ziel ……

Starte auch mit 20, 30, 40, 50, 60.

b) Start 100 → ·2 → 200 → +400 → 600 → :2 → Ziel ……

Starte auch mit 200, 300, 400, 500, 600.

10 a)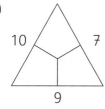

b)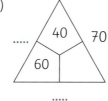

c)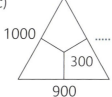

11 a) Ich denke mir eine Zahl, verdopple sie, rechne 60 dazu und erhalte 100.

b) Ich denke mir eine Zahl, verdopple sie, rechne 600 dazu und erhalte 1000.

1–11 Aufgaben rechnen und vergleichen. Dabei Analogien des Rechnens mit Einern, Zehnern und Hundertern aufzeigen und nutzen. → Arbeitsheft, Seite 25

Rechenwege bei der Addition

1 Wie rechnet ihr 347 + 256?

Wie rechnen die Kinder? Welche einfachen Aufgaben benutzen sie?
Vergleicht mit euren Rechenwegen.

2 Probiere selbst. Rechne zur Kontrolle immer auf zwei Arten.
a) 658 + 213   b) 642 + 229   c) 337 + 266   d) 247 + 356   e) 256 + 347

3 Wie rechnen die Kinder die Aufgabe 468 + 196?

1 Zuerst 347 + 256 selbst rechnen. Verschiedene Rechenwege aufzeigen und besprechen (Mathekonferenz). Zu eigenen Wegen ermutigen. **2** Selbst Rechenwege probieren. **3** Erst selbst rechnen, dann Rechenwege der Kinder besprechen.

Einfache Additionsaufgaben

1 Lege und rechne.
a) Lege 387 Euro, lege   5 Euro dazu.
   Lege 387 Euro, lege 50 Euro dazu.
   Lege 387 Euro, lege 500 Euro dazu.

b) Lege 387 Euro, lege   2 Euro dazu.
   Lege 387 Euro, lege 20 Euro dazu.
   Lege 387 Euro, lege 200 Euro dazu.

2
a) 658 +   2
   658 + 20
   658 + 200

b) 497 +   4
   497 + 40
   497 + 400

c) 186 + 500
   186 + 50
   186 +   5

d) 889 + 100
   889 + 10
   889 +   1

e) 333 +   3
   333 + 30
   333 + 300

f) 477 +   5
   477 + 50
   477 + 500

3 Schöne Päckchen. Setze fort.
a) 496 + 2
   496 + 3
   496 + 4
   496 + 5
   496 + 6

b) 371 + 10
   371 + 20
   371 + 30
   371 + 40
   371 + 50

c) 376 + 20
   376 + 30
   376 + 40
   376 + 50
   376 + 60

d) 391 + 10
   381 + 20
   371 + 30
   361 + 40
   351 + 50

e) 147 + 600
   156 + 500
   165 + 400
   174 + 300
   183 + 200

f) 892 + 9
   793 + 8
   694 + 7
   595 + 6
   496 + 5

4 Schöne Päckchen?
a) 325 + 8
   436 + 8
   547 + 8
   758 + 8
   769 + 8

b) 114 + 9
   226 + 8
   338 + 7
   450 + 6
   552 + 5

c) 596 + 70
   495 + 80
   394 + 50
   293 + 40
   192 + 30

d) 899 + 10
   788 + 20
   677 + 30
   555 + 40
   455 + 50

e) 873 + 50
   784 + 40
   695 + 30
   606 + 20
   517 + 10

f) 105 + 300
   106 + 500
   107 + 600
   108 + 700
   109 + 800

5 Überlege immer zuerst, ob ein neuer Hunderter entsteht.
a) 560 + 20
   560 + 40
   560 + 70

b) 372 + 20
   372 + 40
   372 + 90

c) 695 + 4
   695 + 7
   695 + 10

d) 219 + 60
   219 + 8
   219 + 80

e) 949 + 40
   949 + 50
   549 + 70

f) 461 + 30
   461 + 40
   461 + 80

⚡ Blitzrechnen: Einfache Plusaufgaben

Hunderter, Zehner oder Einer dazu:
Aufgabe nennen, legen oder zeichnen.

Aufgabe rechnen.

Von einfachen zu schwierigen Additionsaufgaben

1

a) 685 + 223
    ———————
    600 + 200
     80 + 20
      5 +   3

b) 376 + 248
    ———————
    300 + 200
     70 + 40
      6 +   8

c) 479 + 358
    ———————
    400 + 300
     70 + 50
      9 +   8

d) 267 + 164
    ———————
      7 +   4
     60 + 60
    200 + 100

e) 691 + 198
    ———————
      1 +   8
     90 + 90
    600 + 100

f) 178 + 488
    ———————
      8 +   8
     70 + 80
    100 + 400

g) Probiere selbst: 166 + 581, 461 + 247, 523 + 457,
   347 + 391, 429 + 546, 273 + 684.

Hunderter plus Hunderter, Zehner plus Zehner, Einer plus Einer.

2

a) 337 + 276
    ———————
    337 + 200
    537 + 70
    607 +   6

b) 743 + 219
    ———————
    743 + 200
    943 + 10
    953 +   9

c) 634 + 186
    ———————
    634 + 100
    734 + 80
    814 +   6

d) 576 + 345
    ———————
    576 +   5
    581 + 40
    621 + 300

e) 563 + 377
    ———————
    563 +   7
    570 + 70
    640 + 300

f) 188 + 466
    ———————
    188 +   6
    194 + 60
    254 + 400

g) Probiere selbst: 358 + 127, 147 + 239, 438 + 472,
   276 + 584, 322 + 193, 187 + 678.

Hunderter dazu, Zehner dazu, Einer dazu.

3 Beginne immer mit einer leichten Aufgabe und markiere sie. Vergleiche.

a) 126 + 99
   126 + 100
   126 + 110
   126 + 199
   126 + 200

   3a) 126 + 99 =
   ✗ 126 + 100 = 226
   126 + 110 =

b) 467 + 201
   468 + 199
   468 + 200
   468 + 203
   468 + 197

c) 237 + 528
   237 + 530
   230 + 530
   230 + 528
   235 + 530

d) 245 + 245
   247 + 248
   250 + 250
   249 + 253
   240 + 250

4 Hüpf im Päckchen! Rechne immer mit dem Ergebnis weiter.

a) 91 + 60 = 151
   311 + 110 = ……
   151 + 70 = 221
   221 + 90 = ……
   421 + 130 = ……

   Ziel ➡ 551

   4a) 91 + 60 = 151
       151 + 70 = 221
       221 + 90 =
       311 + 110 =

b) 83 + 10
   243 + 90
    93 + 60
   153 + 90
   333 + 123

   Ziel ➡ 456

c) 378 + 90
   618 + 60
   548 + 70
   468 + 80
   678 + 50

   Ziel ➡ 728

Von einfachen zu schwierigen Additionsaufgaben

5

a) 126 + 197 / 126 + 200
b) 379 + 188 / 379 + 200
c) 489 + 298 / 489 + 300
d) 491 + 164 / 500 + 164
e) 297 + 408 / 300 + 408
f) 178 + 134 / 180 + 134
g) 293 + 368 / 300 + 368
h) 447 + 239 / 450 + 239
i) 318 + 659 / 320 + 660

j) Probiere selbst: 169 + 296, 345 + 349, 454 + 147, 809 + 189, 417 + 597, 269 + 193.

6 Schöne Päckchen. Beschreibe und begründe.

a) 355 + 89
466 + 89
577 + 89
688 + 89
799 + 89

6a) Die erste Zahl wird immer um 1 Hunderter, 1 Zehner und 1 Einer größer, die zweite Zahl bleibt gleich. Also erhöht sich das Ergebnis immer um 111.

b) 347 + 143
347 + 153
347 + 163
347 + 173
347 + 183

c) 45 + 56
90 + 112
135 + 168
180 + 224
225 + 280

7 a) 364 + 425
389 + 400
414 + 375
439 + 350
464 + 325

7a) Die erste Zahl wird immer um 25 größer, die zweite Zahl um 25 kleiner. Damit muss das Ergebnis der Plusaufgabe gleich bleiben.

b) 119 + 121
130 + 130
141 + 139
152 + 148
163 + 157

c) 777 + 222
755 + 244
733 + 266
711 + 288
689 + 310

8 Das Ergebnis einer Plusaufgabe ist 221.
Die Zahlen der Aufgabe werden verändert. Wie lauten die neuen Ergebnisse?

a) Johanna erhöht die erste Zahl um 10 und die zweite Zahl um 9.

b) Jonas vermindert die erste Zahl um 10 und die zweite Zahl um 9.

c) Paul erhöht die erste Zahl um 10 und vermindert die zweite Zahl um 9.

d) Kemal vermindert die erste Zahl um 10 und erhöht die zweite Zahl um 9.

e) Findet selbst Plusaufgaben mit dem Ergebnis 221 und verändert die Zahlen.

9 Hüpf im Päckchen! Rechne immer mit dem Ergebnis weiter.

a) 97 + 80 = 177
366 + 18 = ...
177 + 103 = 280
384 + 60 = ...
280 + 86 = ...
Ziel ▶ 444

b) 134 + 206
911 + 89
399 + 207
340 + 59
606 + 305
Ziel ▶ 1000

c) 93 + 73
201 + 128
499 + 107
329 + 170
166 + 35
Ziel ▶ 606

d) 14 + 88
303 + 77
102 + 201
490 + 65
380 + 110
Ziel ▶ 555

■ **5** Strategie „Hilfsaufgabe" besprechen und Aufgaben dazu rechnen. **6, 7** Schöne Päckchen besprechen und Muster operativ begründen. **8** Operative Testaufgabe. → Arbeitsheft, Seite 28 → Probieren und Kombinieren 3, Seite 20

Tauschaufgaben

245 + 156 = ... 156 + 245 = ...

1 Rechne die Aufgabe oder die Tauschaufgabe.
a) 13 + 488 b) 467 + 34 c) 103 + 798
d) 213 + 389 e) 5 + 287 f) 144 + 97

! **Tauschaufgaben haben immer das gleiche Ergebnis.**

2 Schöne Päckchen. Setze fort.

a)	b)	c)	d)	e)	f)
280 + 55	117 + 169	276 + 124	123 + 567	210 + 111	535 + 353
235 + 100	130 + 156	238 + 162	234 + 456	177 + 144	444 + 444
190 + 145	143 + 143	200 + 200	345 + 345	144 + 177	353 + 535
145 + 190	156 + 130	162 + 238	456 + 234	111 + 210	262 + 626
100 + 235	169 + 117	124 + 276	567 + 123	78 + 243	171 + 717

3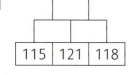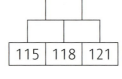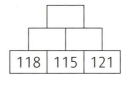

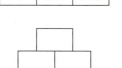 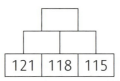 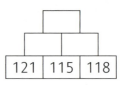

Vergleiche die Mauern. Was fällt dir auf? Begründe.

4 Baue selbst verschiedene Mauern mit den Grundsteinen und vergleiche.
a) 345 | 167 | 234
b) 113 | 246 | 204
c) 107 | 283 | 155

5 Aus 103 | 209 | 312 | 315 | 524 | 836 legt Bastian

836
312 | 524
103 | 209 | 315

Wie geht es noch?

Lege Zahlenmauern.

a) 506 | 318 | 237
   188 | 81 | 107

b) 105 | 119 | 224
   658 | 777 | 1001

c) 412 | 318 | 231
   94 | 87 | 7

Welcher Stein fehlt?

d) 307 | 348 | 857
   509 | 202 | ?

e) 198 | 101 | 657
   358 | 299 | ?

f) 154 | 196 | 217
   133 | 63 | ?

Zahlenraupen

Forschen und Finden – Beschreiben und Begründen

1 Berechne die Zahlenraupe.

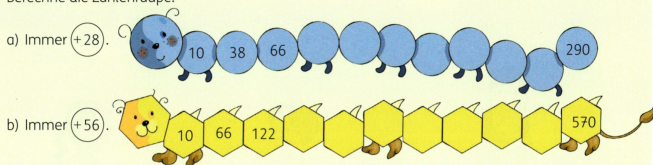

a) Immer (+28). 10, 38, 66, ..., 290

b) Immer (+56). 10, 66, 122, ..., 570

Vergleiche die Zahlenraupen. Welchen Zusammenhang entdeckst du? Beschreibe und begründe.

1) Jede zweite Zahl von Raupe a) kommt auch in b) vor.

Begründung: 28 + 28 = 56.

2 Rechne und vergleiche ebenso.

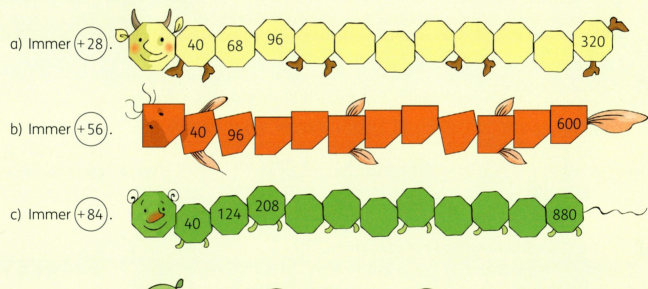

a) Immer (+28). 40, 68, 96, ..., 320

b) Immer (+56). 40, 96, ..., 600

c) Immer (+84). 40, 124, 208, ..., 880

3 Immer (+24).

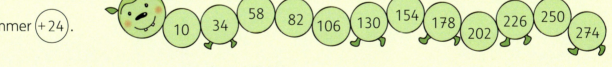

10, 34, 58, 82, 106, 130, 154, 178, 202, 226, 250, 274

Rechne und setze fort. Warum entstehen schöne Päckchen? Begründe.

a) 10 + 274	b) 10 + 250	c) 10 + 34	d) 10 + 58
34 + 250	34 + 226	34 + 58	34 + 82
58 + 226	58 + 202	58 + 82	58 + 106
82 + 202	82 + 178	82 + 106	82 + 130

4 Bilde bei den Zahlenraupen von **1** und **2** ähnliche Päckchen und begründe, was dir auffällt.

5 Finde selbst Zahlenraupen und weitere schöne Päckchen.

■ Nutzung des Übungsformats „Zahlenraupen" für die produktive Übung der Addition.

Überschlag bei der Addition

1 Überschlagt 363 + 228.

Paula: „Weniger als 600, denn 370 + 230 = 600."

Nils: „Mehr als 580, denn 360 + 220 = 580."

Leila: „Fast genau 590, denn 360 + 230 = 590."

Wie haben die Kinder überlegt?
Wie überschlagt ihr die Aufgabe?

> **!** Um ein Ergebnis ungefähr zu bestimmen oder zu prüfen, kann man einen Überschlag (Ü) mit gerundeten Zahlen durchführen. Für den Überschlag gibt es keine feste Regel.

> **!** = gleich
> ≈ ungefähr gleich

2 Berechne ungefähr.

a) 283 + 198
347 + 256
563 + 242
685 + 223
433 + 554

2a) 283 + 198 ≈ 500
Ü: 300 + 200 = 500   Anton

2a) 283 + 198 ≈ 480
Ü: 280 + 200 = 480   Dana

oder

b) 257 + 145
572 + 135
243 + 267
376 + 248
87 + 517

3 < oder >? Vergleiche mithilfe eines Überschlags.

a) 179 + 80 ● 250
123 + 121 ● 250
98 + 153 ● 250
183 + 78 ● 250

b) 265 + 240 ● 500
412 + 84 ● 500
205 + 294 ● 500
137 + 380 ● 500

c) 431 + 329 ● 750
499 + 265 ● 750
396 + 355 ● 750
367 + 376 ● 750

d) 484 + 509 ● 1000
399 + 617 ● 1000
182 + 733 ● 1000
278 + 693 ● 1000

4 Welche Ergebnisse sind bestimmt falsch? Prüfe erst mit einem Überschlag und rechne dann richtig.

a) 347 + 284 = 531
b) 483 + 331 = 814
c) 451 + 375 = 886
d) 237 + 473 = 600
e) 198 + 503 = 701
f) 598 + 113 = 611

5 Leichte und schwierige Aufgaben mit benachbarten Ergebnissen rechnen.

a) 300 + 200
280 + 200
278 + 199

b) 400 + 200
350 + 250
341 + 254

c) 363 + 229
360 + 230
460 + 200

d) 285 + 168
250 + 150
270 + 200

e) 750 + 200
750 + 250
750 + 248

1–5 Prinzip der Überschlagsrechnungen besprechen und die verschiedenen Möglichkeiten herausarbeiten (Mathekonferenz). → Arbeitsheft, Seite 29

Überschlag bei Sachaufgaben

1 a) Welche Sportartikel werden hier angeboten?

b) Stelle dir eine Reit- oder Fußballausrüstung zusammen. Überschlage die Kosten.

2 Fragen und Schätzen
Was kostet eine Ausrüstung in der Sportart deiner Wahl?

3 Ein Fitness-Studio hatte in einer Woche folgende Besucherzahlen.

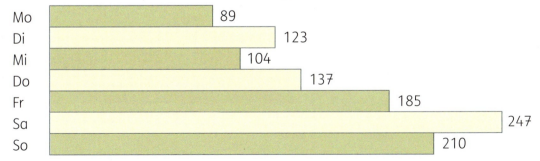

a) Überschlage die gesamte Besucherzahl der Woche.

b) Berechne die Besucherzahl der Woche genau.

c) Wie viele Besucher waren es am Wochenende?

d) Wie viele Besucher sind ungefähr in einem Monat zu erwarten?

1–3 Überschlagsrechnungen üben. → Arbeitsheft, Seite 30

Kilogramm und Gramm

1 Bildet Gruppen mit 4 bis 5 Kindern.
Ordnet eure Schultaschen nach dem Gewicht.
Welche ist die leichteste, welche die schwerste?
Wenn ihr fertig seid, prüft eure Schätzungen
mit einer Waage.

Wie viel wiegt ein Fink?

Ich schrieb einen Brief
nach Amsterdam.
Er hat gewogen
zwanzig Gramm.

Da kam geflogen
zum Fenster herein
ein Fink.
Der sagte: „Pink!
Ich möchte auch gewogen sein."
Schwups saß er auf der Waage.

„Was", rief ich, „du Wicht,
zwanzig Gramm, wie mein Brief,
ist dein ganzes Gewicht?"
„Ach", meinte der Fink,
„mehr brauche ich nicht.
Denn wär ich schwer,
könnte ich nicht
fliegen so flink.
Pink!"

Josef Guggenmos

2 Wiege Gegenstände aus deiner Schultasche. Schätze vorher.

2) Gegenstand	geschätzt	gewogen
Radiergummi	20 g	15 g
Zahlenbuch		

3 Mit diesen Gewichten kannst du jedes Grammgewicht
von 1 g bis 1 kg wiegen. Prüfe nach.

! 1 Kilogramm hat 1000 Gramm.
1 kg = 1000 g
Ein halbes Kilogramm hat 500 Gramm.

4 Wie viel wiegst du?
Wie viel wiegt deine
Schultasche?
Vergleiche mit der Tabelle.

Gewicht des Kindes	20 kg	25 kg	30 kg	35 kg	40 kg
Höchstgewicht der Schultasche	2 kg	2 kg 500 g	3 kg	3 kg 500 g	4 kg

1–4 Einführung in den Größenbereich „Gewichte". Gewichte zunächst schätzen lassen und dann auswiegen.
→ Arbeitsheft, Seite 31

Kilogramm und Gramm

3 g | 10 g | 100 g | 250 g | 500 g | 1 kg = 1000 g

Merke dir diese Gewichte.

5 Wie viele Früchte wiegen zusammen ungefähr 1 kg?
  a) 1 Banane wiegt ungefähr 180 g.
  b) 1 Tomate wiegt ungefähr 90 g.
  c) 1 Birne wiegt ungefähr 150 g.
  d) 1 Orange wiegt ungefähr 200 g.
  e) Ordne nach dem Gewicht. Beginne mit dem kleinsten. 5e) 90 g <

6 Wie viel wiegt ungefähr ein Apfel?

Untersuche selbst Wiegezettel.

7 So viel wiegen Vögel etwa. Ordne sie nach dem Gewicht. Beginne mit dem kleinsten.

a)
	1 kg	100 g	10 g	1 g
Habicht	0	8	0	0
Fischadler	1	5	0	0
Storch	3	5	0	0
Möwe	1	0	0	0
Uhu	2	5	0	0

Schreibe: 7a) Habicht 800 g
                Möwe

b)
	1 kg	100 g	10 g	1 g
Zaunkönig	0	0	0	9
Rotkehlchen	0	0	1	6
Krähe	0	5	0	0
Amsel	0	0	9	5
Blaumeise	0	0	1	1

Vergleiche das Gewicht der Vögel mit dem von Fledermäusen (Seite 63).

8 Der schwerste Vogel auf der Erde ist der Strauß.
Der leichteste Vogel ist der Kolibri.

Ein Straußenei wiegt etwa 1 kg 500 g.
4 Kolibrieier wiegen etwa 1 g.
Vergleiche die Gewichte mit dem eines Hühnereis.

Kolibri
Gewicht: 2 g
Größe: 6 cm

Strauß
Gewicht: 75 kg
Größe: 2,75 m

Standardgewichte kennenlernen. **5–8** Gewichte vergleichen. → Arbeitsheft, Seite 31

Millimeter

Um genau zu messen, ist die Längeneinheit Zentimeter manchmal zu groß. Man benötigt die kleinere Einheit Millimeter.

1 Miss bei dem Passfoto Länge und Breite auf Millimeter genau.

> **!** 1 Zentimeter hat 10 Millimeter.
> 1 cm = 10 mm
> 1 m = 1000 mm

2 Die **D**eutsche **I**ndustrie **N**orm (**DIN**) ist eine Festlegung für Maße von Industrieprodukten. Am bekanntesten ist die Norm für Papierformate von 1922.

	Länge	Breite
DIN A6	148 mm	105 mm
DIN A5	210 mm	148 mm
DIN A4	297 mm	210 mm
DIN A3	420 mm	297 mm

a) Vergleiche die DIN-Formate. Was fällt dir auf?

b) Miss Länge und Breite. Lege eine Tabelle an. Schreibe in cm und mm.

2b)	Länge	Breite	DIN-Format
Postkarte	14 cm 8 mm	10 cm 5 mm	A 6
Notizblock			

3 Miss in mm und zeichne die entsprechende Strecke in dein Heft.

3a) 15 mm = 1 cm 5 mm
|—————|—|

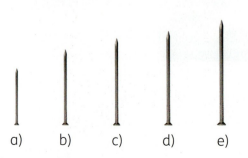

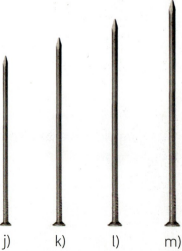

a) b) c) d) e) f) g) h) i) j) k) l) m)

Fledermäuse

Fledermäuse sind keine Vögel. Sie sind die einzigen heimischen Säugetiere, die fliegen können.

Es wird immer nur ein Junges geboren, das die Mutter im Flug mit sich herumtragen kann.

Die Fledermausflügel bestehen aus einer Haut, die zwischen den langen Armen, Fingern und Beinen gespannt ist.

Am Tag hängen die Tiere mit dem Kopf nach unten in Baumhöhlen, Gebäuden oder Felsspalten und schlafen.

Wenn es dunkel wird, werden Fledermäuse wach. Weil sie dann nur wenig sehen können, fliegen sie nach Gehör.

Sie stoßen hohe Töne aus, die als Echo zu ihren großen Ohren zurückkommen.

So erkennen sie sogar ihre Beutetiere, fliegende Insekten.

Bei uns sind Fledermäuse selten geworden, deshalb sind sie geschützt.

1 Es gibt verschiedene Fledermausarten.
Der Abendsegler hat eine Flügelspannweite von 320–400 mm.
Sein Körper ist nur 60–82 mm lang.
Die Größe der Ohren beträgt etwa ein Viertel der Körperlänge.
Sein Gewicht beträgt 19–40 g.

Zeige am Lineal oder Metermaß
a) seine Flügelspannweite,
b) seine Körperlänge,
c) die Größe seiner Ohren.

2

Fledermausart	Körperlänge	Flügelspannweite	Größe der Ohren	Gewicht
Zwergfledermaus	36–51 mm	180–240 mm	9–14 mm	4– 8 g
Braunes Langohr	42–53 mm	240–285 mm	31–41 mm	5–12 g
Mausohr	67–79 mm	350–430 mm	26–31 mm	28–40 g

a) Zeige die Längen am Lineal oder Metermaß. Vergleiche mit dem Abendsegler.

b) Versuche die Umrisse einer Fledermaus in Lebensgröße zu zeichnen und auszuschneiden.

c) Ein DIN-A4-Blatt Schreibpapier wiegt etwa 5 g. Vergleiche mit dem Gewicht der Fledermäuse.

3 Verwandle in cm und mm.
45 mm, 73 mm, 120 mm, 441 mm, 500 mm

3) 4 5 mm = 4 cm 5 mm

Würfel falten

Du brauchst 6 rote, 6 blaue und 6 etwas kleinere gelbe Quadrate.

1 Stelle aus den 6 roten und 6 blauen Quadraten zunächst einen Schrank und dann 12 Quadrate mit zwei Laschen (U-Form) her.

2 Stelle sechs doppelseitige Quadrate (1. Seite rot, 2. Seite blau) mit vier Taschen her:
Lege ein rotes Quadrat (U-Form) mit der glatten Seite auf den Tisch.
Halte ein blaues Quadrat mit der glatten Seite nach oben verdreht darüber.
Schiebe die blauen Laschen unter die roten Laschen und drücke die Quadrate fest.

Vorderseite   Rückseite

↑ Taschen

3 Schneide die sechs gelben Quadrate in zwölf Hälften.
Stelle durch zweimaliges Falten zwölf Winkel her.

4 Verbinde die sechs Quadrate mit den gelben Winkeln zu einem Würfelnetz und dann zu einem Würfel.

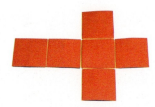 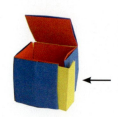

Würfel nach Angabe falten. Die Kinder sollen dabei einander helfen.

Würfelnetze

1. Baut in Gruppen alle 35 Sechslinge aus Quadraten nach.

2. Findet die 11 Sechslinge heraus, aus denen man Würfel falten kann.
   Diese Sechslinge nennt man Würfelnetze.

- Arbeitsteilig in der Klasse alle Sechslinge herstellen. Begriff des Würfelnetzes einführen und aus den Sechslingen herausfinden.

Rechenwege bei der Subtraktion

1 Wie rechnet ihr 265 – 127?

Wie rechnen die Kinder? Welche einfachen Aufgaben benutzen sie? Vergleicht mit euren Rechenwegen.

2 Probiere selbst. Rechne zur Kontrolle immer auf zwei Arten.
a) 641 – 235   b) 821 – 118   c) 165 – 27   d) 365 – 227   e) 270 – 132

3 Wie rechnen die Kinder die Aufgabe 587 – 198?

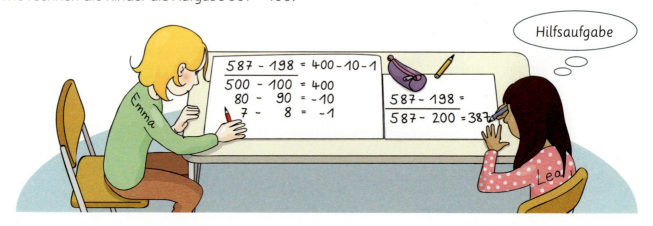

1 Zuerst 265 – 127 selbst rechnen lassen. Verschiedene Rechenwege vorstellen lassen, besprechen und mit den vorgegebenen Wegen vergleichen (Mathekonferenz). Zu eigenen Wegen ermutigen. **2** Selbst Rechenwege probieren. **3** Erst selbst rechnen lassen, dann Rechenwege der Kinder besprechen.

Einfache Subtraktionsaufgaben

1 Lege und rechne.
a) Lege 804 Euro, nimm 500 Euro weg.
   Lege 804 Euro, nimm 50 Euro weg.
   Lege 804 Euro, nimm   5 Euro weg.

b) Lege 726 Euro, nimm 700 Euro weg.
   Lege 726 Euro, nimm 70 Euro weg.
   Lege 726 Euro, nimm   7 Euro weg.

2 Lege mit Geld und rechne.

a)	b)	c)	d)	e)	f)
658 − 6	889 − 100	333 − 3	856 − 7	957 − 8	989 − 9
658 − 60	889 − 10	333 − 30	856 − 70	957 − 80	989 − 90
658 − 600	889 − 1	333 − 300	856 − 700	957 − 800	989 − 900

3 Schöne Päckchen. Setze fort.

a)	b)	c)	d)	e)	f)
496 − 4	313 − 10	917 − 100	447 − 50	900 − 90	702 − 10
496 − 5	313 − 20	917 − 90	447 − 60	800 − 80	702 − 9
496 − 6	313 − 30	917 − 80	447 − 70	700 − 70	702 − 20
496 − 7	313 − 40	917 − 70	447 − 80	600 − 60	702 − 19
496 − 8	313 − 50	917 − 60	447 − 90	500 − 50	702 − 30

4 Schöne Päckchen?

a)	b)	c)	d)	e)	f)
323 − 200	120 − 9	341 − 8	976 − 90	909 − 10	203 − 80
434 − 300	230 − 8	452 − 8	865 − 80	808 − 20	314 − 80
454 − 400	350 − 7	563 − 8	764 − 70	707 − 30	415 − 80
656 − 500	450 − 6	785 − 8	643 − 60	606 − 40	536 − 80
767 − 600	560 − 5	896 − 8	532 − 50	505 − 50	647 − 80

5 Überlege immer zuerst, ob ein Hunderter angeknabbert werden muss.

a)	b)	c)	d)	e)	f)
620 − 20	475 − 50	807 − 8	333 − 3	518 − 10	989 − 50
620 − 30	475 − 60	807 − 10	333 − 30	518 − 8	989 − 80
620 − 90	475 − 80	807 − 30	333 − 50	518 − 20	989 − 90

Blitzrechnen: Einfache Minusaufgaben

Hunderter, Zehner oder Einer weg:
Aufgabe nennen, legen oder zeichnen.

Aufgabe rechnen.

Von einfachen zu schwierigen Subtraktionsaufgaben

1

a) 481 − 215
481 − 200
281 − 10
271 − 5

b) 572 − 347
572 − 300
272 − 40
232 − 7

c) 688 − 459
688 − 400
288 − 50
238 − 9

d) 339 − 258
339 − 8
331 − 50
281 − 200

e) 417 − 224
417 − 4
413 − 20
393 − 200

f) 287 − 148
287 − 8
279 − 40
239 − 100

g) Probiere selbst: 441 − 157, 627 − 419, 294 − 186,
631 − 293, 908 − 221, 574 − 289.

2

a) 587 − 258
500 − 200
80 − 50
7 − 8

b) 465 − 274
400 − 200
60 − 70
5 − 4

c) 335 − 246
300 − 200
30 − 40
5 − 6

d) 638 − 327
600 − 300
30 − 20
8 − 7

e) 967 − 376
900 − 300
60 − 70
7 − 6

f) 638 − 184
600 − 100
30 − 80
8 − 4

g) Probiere selbst: 637 − 418, 721 − 329, 428 − 267,
558 − 139, 846 − 358, 439 − 318.

3 Beginne immer mit einer leichten Aufgabe und markiere sie. Vergleiche.

a) 740 − 89
740 − 91
740 − 90
740 − 98
740 − 100

b) 964 − 298
964 − 303
964 − 300
964 − 307
960 − 307

c) 809 − 259
810 − 260
817 − 262
817 − 258
820 − 265

d) 527 − 267
520 − 240
519 − 243
530 − 227
527 − 67

3a) 740 − 89 =
740 − 91 =
✗ 740 − 90 = 650

4 Hüpf im Päckchen! Rechne immer mit dem Ergebnis weiter.

a) 432 − 63 = 369
215 − 19 = ...
196 − 85 = ...
299 − 84 = ...
369 − 70 = 299

Ziel ▶ 111

4a) 432 − 63 = 369
369 − 70 = 299
299 − 84 =

b) 689 − 99
486 − 67
590 − 104
387 − 42
419 − 32

Ziel ▶ 345

c) 817 − 163
228 − 61
495 − 178
317 − 89
654 − 159

Ziel ▶ 167

68  **1** Strategie „Hunderter weg, Zehner weg, Einer weg" besprechen und Aufgaben dazu rechnen. **2** Strategie „Hunderter minus Hunderter, Zehner minus Zehner, Einer minus Einer" besprechen und Aufgaben dazu rechnen. **4** Bekanntes Übungsformat „Hüpf im Päckchen!". → Arbeitsheft, Seite 34

Von einfachen zu schwierigen Subtraktionsaufgaben

5

a) 468 − 96 / 468 − 100

b) 733 − 398 / 733 − 400

c) 367 − 169 / 367 − 167

d) 994 − 115 / 1000 − 115

e) 397 − 148 / 397 − 150

f) 714 − 87 / 714 − 100

g) 379 − 188 / 379 − 200

h) 738 − 293 / 738 − 300

i) 827 − 130 / 830 − 130

j) Probiere selbst: 637 − 94, 288 − 189, 947 − 151, 433 − 334, 768 − 174, 531 − 298.

6 Schöne Päckchen. Beschreibe und begründe.

a) 244 − 89
355 − 89
466 − 89
577 − 89
688 − 89

6a) Die erste Zahl wird immer um 1 Hunderter, 1 Zehner und 1 Einer größer, die zweite Zahl bleibt gleich. Also erhöht sich das Ergebnis immer um 111.

b) 360 − 89
360 − 94
360 − 99
360 − 104
360 − 109

c) 618 − 441
629 − 442
640 − 443
651 − 444
662 − 445

7 a) 317 − 51
324 − 58
331 − 65
338 − 72
345 − 79

7a) Die erste Zahl wird immer um 7 größer, die Zahl, die abgezogen wird, auch. Also muss das Ergebnis der Minusaufgabe gleich bleiben.

b) 835 − 46
828 − 39
821 − 32
814 − 25
807 − 18

c) 767 − 62
774 − 64
781 − 66
788 − 68
795 − 70

8 Das Ergebnis einer Minusaufgabe ist 147.
Die Zahlen der Aufgabe werden verändert. Wie lauten die neuen Ergebnisse?

a) Johanna erhöht beide Zahlen um 10.

b) Jonas vermindert beide Zahlen um 10.

c) Paul erhöht die erste Zahl um 10 und vermindert die zweite Zahl um 10.

d) Kemal vermindert die erste Zahl um 10 und erhöht die zweite Zahl um 10.

e) Findet selbst Minusaufgaben mit dem Ergebnis 147 und verändert die Zahlen.

9 Hüpf im Päckchen! Rechne immer mit dem Ergebnis weiter.

a) 562 − 198 = 364
99 − 33 = ...
295 − 89 = ...
364 − 69 = 295
206 − 107 = ...
Ziel ➡ 66

b) 1000 − 137
589 − 190
714 − 125
399 − 66
863 − 149
Ziel ➡ 333

c) 987 − 189
228 − 117
397 − 169
798 − 266
532 − 135
Ziel ➡ 111

d) 876 − 194
421 − 118
170 − 71
682 − 261
303 − 133
Ziel ➡ 99

---

5 Strategie „Hilfsaufgabe" besprechen und Aufgaben dazu rechnen. **6, 7** Schöne Päckchen besprechen und Muster begründen. **8** Operative Testaufgabe. ➔ Arbeitsheft, Seite 35 ➔ Probieren und Kombinieren 3, Seite 21

69

Subtraktionsaufgaben auch durch Ergänzen lösen

1 Wie rechnet ihr 702 − 689?

Wie rechnen die Kinder?
Vergleicht mit euren Rechenwegen.

2 Löse durch Ergänzen.

a)	b)	c)	d)	e)
512 − 486	777 − 749	847 − 790	672 − 648	112 − 87
356 − 339	476 − 467	275 − 167	897 − 879	163 − 139
234 − 221	902 − 787	735 − 496	798 − 789	263 − 139
900 − 873	668 − 449	805 − 779	807 − 699	600 − 553
703 − 595	543 − 336	605 − 579	🦔 1007 − 999	602 − 553

3 Löse durch Ergänzen und vergleiche die Mauern.

a) 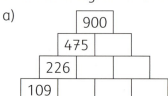   b) 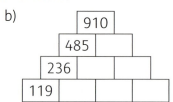   c)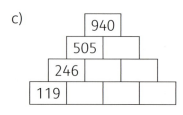

d) 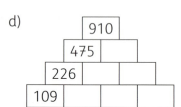   e) 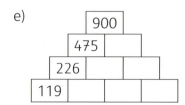   f)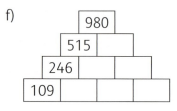

4 < oder = oder >?

a) 1000 − 498 ● 500
   747 − 248 ● 500
   766 − 266 ● 500

b) 1000 − 752 ● 250
   503 − 252 ● 250
   749 − 501 ● 250

c) 1000 − 252 ● 750
   1000 − 239 ● 750
   1001 − 251 ● 750

■ Ergänzen als sinnvolle Strategie (vor allem bei Zahlen mit kleinem Unterschied) besprechen (Mathekonferenz).
4 Ggf. Hinweis, dass Aufgaben nicht immer gerechnet werden müssen, da Überschlag oft genügt.
→ Arbeitsheft, Seite 36   → Verstehen und Trainieren 3, Seite 25

Gleiche Ergebnisse bei Subtraktionsaufgaben

Forschen und Finden – Beschreiben und Begründen

1 a) Aus den Ziffernkarten ①②③ kannst du die Zahlen 321, 312, 231, 213, 132 und 123 legen.
Bilde mit der größten Zahl und den fünf anderen Zahlen Minusaufgaben und rechne.

| 321 – 312 | 321 – 231 | 321 – 213 | 321 – 132 | 321 – 123 |

```
1a) 3 2 1 – 3 1 2 =     9
    3 2 1 – 2 3 1 =    9 0
```

b) Rechne ebenso mit den Ziffernkarten ④⑤⑥ und den Zahlen 654, 645, 564, 546, 465 und 456.

| 654 – 645 | 654 – 564 | 654 – 546 | 654 – 465 | 654 – 456 |

c) Vergleiche die Rechnungen von a) und b). Beschreibe, was dir auffällt.

2 a) Wähle selbst drei aufeinander folgende Ziffernkarten, bilde damit sechs Zahlen und rechne wie bei **1** a) und **1** b).

b) Vergleiche die Ergebnisse. Beschreibe, was dir auffällt.

3 Versucht zu begründen, was ihr beobachtet habt.
Tipp: Rechnet Aufgaben mit gleichen Ergebnissen mit dem Rechenweg „Hunderter minus Hunderter, Zehner minus Zehner, Einer minus Einer".

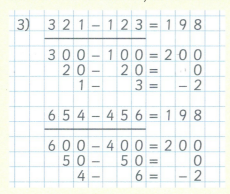

```
3)  3 2 1 – 1 2 3 = 1 9 8        3)  3 2 1 – 2 1 3 =
    3 0 0 – 1 0 0 = 2 0 0            3 0 0 – 2 0 0 =
       2 0 –   2 0 =     0              2 0 –   1 0 =
          1 –     3 =   – 2                 1 –     3 =

    6 5 4 – 4 5 6 = 1 9 8            6 5 4 – 5 4 6 =
    6 0 0 – 4 0 0 = 2 0 0            6 0 0 – 5 0 0 =
       5 0 –   5 0 =     0              5 0 –   4 0 =
          4 –     6 =   – 2                 4 –     6 =
```

4 a) Bilde mit den Ziffernkarten ②④⑥ sechs Zahlen und rechne wie in **1**.

b) Wähle selbst drei Ziffern mit den gleichen Abständen, z. B. ③⑤⑦ oder ④⑥⑧ und rechne ebenso.

c) Vergleiche die Zahlen und die Ergebnisse von a) und b). Was fällt dir auf?
Versuche es zu begründen.

5 Vergleiche die Zahlen und die Ergebnisse von **1** a) und **4** a).
Beschreibe, was dir auffällt. Versuche es zu begründen.

6 Wähle Ziffern mit noch größeren Abständen dazwischen. Rechne und überlege ebenso.

■ Regel zur Erzeugung von Minusaufgaben in **1** zur produktiven Übung der Subtraktion nutzen.

Plus und minus

1 Schreibe und rechne immer vier Aufgaben.

a) 633 + 218

```
1a) 633 + 218 = 851
    218 + 633 =
    851 − 218 =
    851 − 633 =
```

b) 336 + 245
c) 618 + 197
d) 363 + 155
e) 36 + 149
f) 419 − 178
g) 781 − 369
h) 608 − 187
i) 633 − 419
j) 923 − 781
k) 547 − 278

2 Rechne vorteilhaft.

a) 633 + 218 − 218
   633 + 218 − 212
   633 + 212 − 218

b) 419 + 178 − 178
   419 + 180 − 178
   419 + 178 − 180

c) 781 − 369 + 370
   781 − 369 + 369
   781 + 369 − 370

d) 236 + 149 − 36
   236 + 149 − 49
   236 + 149 − 151

3 Welche Zahlen fehlen? Überlege ohne auszurechnen.

a) 68 + 77 = 77 + ...
   68 + 77 = 70 + ...
   68 + 77 = ... + 80

b) 187 − 91 = ... − 90
   187 − 91 = ... − 100
   187 − 91 = 190 − .....

c) 129 + 37 + 41 = ... + 37
   237 + 143 + 17 = 237 + ...
   97 + 98 + 103 = 200 + ...

4 Wähle eine Minusaufgabe. Bilde dazu immer eine Ergänzungs- und eine Plusaufgabe. Vergleiche.

a) Minusaufgabe   745 − 387 = ...
   Ergänzen auf 1000   387 + ☐ = 1000
   Plusaufgabe   745 + ☐ = ...

```
745 − 387 =    358
387 + 613 = 1000
745 + 613 = 1358
```

b) 745 − 280 = ...
   280 + ☐ = 1000
   745 + ☐ = ...

c) 745 − 513 = ...
   513 + ☐ = 1000
   745 + ☐ = ...

d) 745 − 319 = ...
   319 + ☐ = 1000
   745 + ☐ = ...

e) 745 − 628 = ...
   628 + ☐ = 1000
   745 + ☐ = ...

f) 819 − 627 = ...
   627 + ☐ = 1000
   819 + ☐ = ...

g) 917 − 138 = ...
   138 + ☐ = 1000
   917 + ☐ = ...

h) 646 − 338 = ...
   338 + ☐ = 1000
   646 + ☐ = ...

i) 543 − 264 = ...
   264 + ☐ = 1000
   543 + ☐ = ...

j) Starte auch mit anderen Minusaufgaben.

k) Beschreibe und begründe das Muster am Rechenstrich.

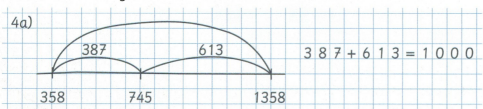

1 Addition und Subtraktion als Umkehroperationen herausstellen. **2–4** Daraus Rechenvorteile ziehen.
→ Arbeitsheft, Seite 37

Vor und zurück

1 a) 335 + 50
335 − 50

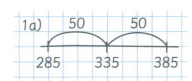

b) 346 + 50
346 − 50

c) 768 + 50
768 − 50

d) Rechne ebenso mit eigenen Zahlen. Beschreibe, was dir auffällt.

2 a) 467 − 20 / 467 + 80 b) 467 − 10 / 467 + 90 c) 467 − 1 / 467 + 99 d) 467 − 11 / 467 + 89 e) 467 − 17 / 467 + 83 f) 467 − 34 / 467 + 66

467 + 20 / 467 − 80   467 + 10 / 467 − 90   467 + 1 / 467 − 99   467 + 11 / 467 − 89   467 + 17 / 467 − 83   467 + 34 / 467 − 66

Wie unterscheiden sich die Ergebnisse der Plus- und Minusaufgabe? Begründe.

3 Nimm eine Zahl und rechne. Begründe das Muster am Rechenstrich.

a) Immer plus 180 und minus 20.

Nimm 278, 207, 375, 123, 819 und eigene Zahlen.

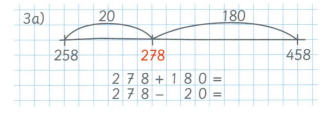

b) Immer plus 189 und minus 11.

Nimm 181, 366, 245, 689, 111, 12 und eigene Zahlen.

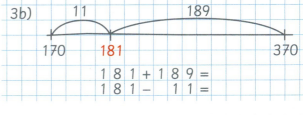

c) Immer plus 102 und minus 9.

Nimm 465, 185, 267, 375, 542 und eigene Zahlen.

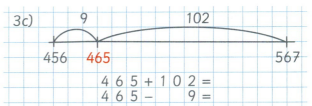

4 a) Start 333 → +73 → 406 → +59 → ...... → −21 → Ziel ......

b) Start 333 → +57 → 390 → +53 → ...... → −9 → Ziel ......

Starte jede Rechenkette auch mit 345, 389, 414, 442 und mit eigenen Zahlen.

Beschreibe, was dir auffällt. Begründe.

5 In Niedersachsen und Nordrhein-Westfalen zusammen gab es im Jahr 2000 bei den Weißstörchen 372 Horstpaare mit insgesamt 747 Jungstörchen. Im Jahr 2010 waren es 504 Horstpaare mit 1091 Jungstörchen. ?

■ 1–4 In den Unterschieden der Ergebniszahlen Muster erkennen und am Rechenstrich begründen.
→ Arbeitsheft, Seite 38 → Verstehen und Trainieren 3, Seite 24

Überschlag bei der Subtraktion

1 Überschlagt 382 − 217.

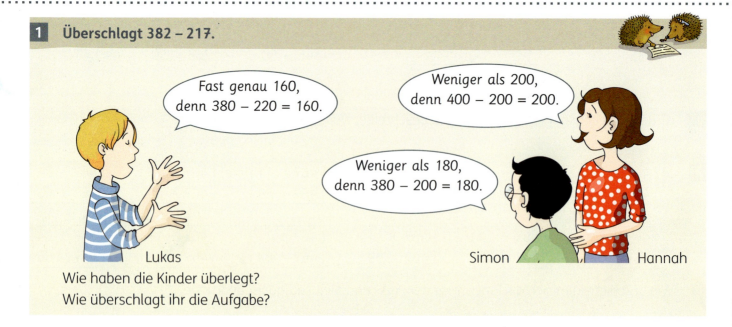

Wie haben die Kinder überlegt?
Wie überschlagt ihr die Aufgabe?

2 Berechne ungefähr.

a) 481 − 215
735 − 462
658 − 489
804 − 338
522 − 191

oder

2a) 4 8 1 − 2 1 5 ≈ 3 0 0
Ü: 5 0 0 − 2 0 0 = 3 0 0 Anton

2a) 4 8 1 − 2 1 5 ≈ 2 7 0
Ü: 4 8 0 − 2 1 0 = 2 7 0 Dana

b) 661 − 538
737 − 582
356 − 179
463 − 282
861 − 457

3 < oder >? Vergleiche mithilfe eines Überschlags.

a) 265 − 127 > 100
365 − 278 < 100
461 − 375 < 100

b) 478 − 236 > 200
478 − 287 < 200
732 − 483 > 200

c) 631 − 370 < 300
375 − 109 < 300
375 − 90 < 300

d) 814 − 324 < 500
814 − 279 > 500
932 − 460 < 500

4 Welche Ergebnisse sind bestimmt falsch? Prüfe mit einem Überschlag und rechne richtig.

a) 503 − 275 = 328
b) 600 − 378 = 322
c) 989 − 612 = 377
d) 809 − 796 = 13
e) 476 − 382 = 194
f) 725 − 565 = 260

5 Leichte und schwierige Aufgaben mit benachbarten Ergebnissen rechnen.

a) 960 − 300
960 − 298
964 − 298

b) 780 − 400
780 − 405
782 − 405

c) 643 − 200
643 − 190
643 − 191

d) 476 − 400
476 − 380
476 − 382

e) 582 − 200
582 − 220
582 − 218

f) 837 − 400
837 − 390
837 − 388

6

A7
Kassel 45 km
Hannover 219 km
…burg 358 km

a) Wie viele Kilometer sind es ungefähr bis Kassel, bis Hannover, bis Hamburg?

b) Wie viele Kilometer sind es ungefähr von Kassel bis Hannover, von Hannover bis Hamburg, von Kassel bis Hamburg?

■ 1−5 Prinzip von Überschlagsrechnungen besprechen und verschiedene Möglichkeiten herausarbeiten (Mathekonferenz). → Arbeitsheft, Seite 39

Überschlag bei Sachaufgaben

1 a) Ein Laptop kostete vor Weihnachten 995 Euro. Nach Neujahr wurde der Preis auf 789 Euro reduziert. Wie viel Euro war der Laptop dann billiger? Überschlage und berechne den Preisunterschied genau.

b) 3 Monate später bot der Händler den Laptop als Sonderangebot für 699 Euro an. ?

2 Frau Bakir möchte einen 17-Zoll-Monitor und einen Tintenstrahl-Drucker neu kaufen. Der Händler bietet an: ?

	Monitor	Farbdrucker
untere Preisklasse	117 €	79 €
mittlere Preisklasse	295 €	145 €
obere Preisklasse	415 €	332 €

3 Erkundige dich selbst nach Preisen für Computer, Monitore und Drucker.

4 Eine Siedlung wurde in 5 Jahren gebaut. Jedes Jahr zogen mehr Einwohner zu.

Wie viele Einwohner sind in jedem Jahr zugezogen? Überschlage erst, rechne dann genau.

Zahl der Einwohner	
nach 1 Jahr	185
nach 2 Jahren	441
nach 3 Jahren	608
nach 4 Jahren	879
nach 5 Jahren	980

5 Fragen und Schätzen

a) Überschlage die Zahl der Sitzplätze im Flugzeug.

b) Hätten die Kinder und Lehrkräfte eurer Schule darin Platz? Überschlage.

c) Wie lang ist das Flugzeug? Wie breit ist das Flugzeug? Tipp: Wie viel Platz benötigt man für eine Sitzreihe?

d) Passt das Flugzeug auf euren Schulhof?

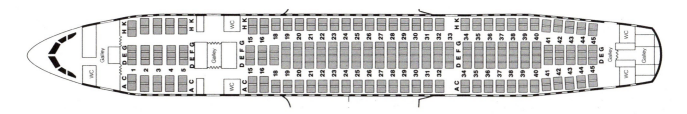

e) Großflugzeuge der neuen Generation sind 7 m breit und 72 m lang und haben Platz für ungefähr 850 Passagiere. Vergleiche.

■ Sachstrukturiertes Üben in verschiedenen Kontexten unter Verwendung des Überschlags, dabei sachgerechte Begriffe (Preis, reduzierter Preis, Einzelpreis, Gesamtpreis) benutzen. → Arbeitsheft, Seite 39

Sachaufgaben erfinden

1 Schreibt Sachaufgaben über Tiere.

Thomas wünscht sich einen Hund. Der Korb kostet 35 €. Die Leine 11 € und das Halsband 8 €. Wie viel muss er ausgeben?
— Mathilde

Mein kleiner Hund heißt Rocky. Rocky und ich wiegen 32 kg. Ich allein wiege 28 kg. Wie viel wiegt Rocky?
— Jonas

In der Tierhandlung gibt es 25 Vögel, 210 Fische und 28 Schildkröten. Der Lieferwagen bringt 20 Kaninchen. Wie viele Tiere sind es insgesamt?
— Tarek

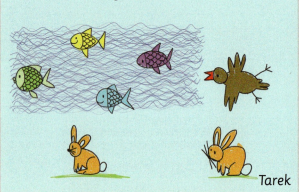

Eine Katze ist krank. Sie braucht einen Monat Ruhe. Sie braucht täglich 2 Mineraltabletten. In der Schachtel sind 20 Tabletten. Eine Schachtel kostet 5,50 €.
a) Wie viele Schachteln verbraucht die Katze?
b) Wie viel Geld kostet das?
— Annika

Sally frisst 300 g Hundefutter am Tag. Frage: Wie viel Futter frisst Sally in einem Monat?
— Emilia

An einem Tag essen 5 Katzen 4 Dosen Katzenfutter zu je 0,80 €. Wie viel Geld wird in einem Monat verbraucht?
— Johannes

Peter möchte 10 Goldfische kaufen. Er geht in die Zoo-Handlung und fragt: „Wie viel kostet ein Fisch?" Die Antwort ist: „2,50 €".
— Noah

Vergleicht eure Sachaufgaben mit denen der Kinder.
Löst alle Aufgaben in Partnerarbeit.

2 Fragen und Schätzen
Wie viel Zeit braucht man für einen Hund in der Woche?
Tipp: Gassi gehen, Hundepflege, Füttern, Hundekorb säubern, Tierarztbesuch
Wie teuer ist das Futter eines großen Hundes im Monat?

1, 2 Sachaufgaben von Kindern interpretieren und lösen. Selbst Sachaufgaben erfinden und vom Partner lösen lassen.

Rechenwege bei Sachaufgaben

1 Bearbeitet die Sachaufgaben.

a) Mutter fährt um 14.17 Uhr ins Parkhaus. Die erste Stunde kostet 2 Euro, jede weitere angefangene Stunde kostet 1 Euro. Um 18.25 Uhr verlässt Mutter das Parkhaus. ?

Leon
Wie lange war sie im Parkhaus?

```
       4 h        8 min
14.17          18.17  18.25
```

Sie war 4 volle Stunden und 8 Minuten im Parkhaus.

Sina
Wie viel muss sie bezahlen?

Für die 1. Stunde: 2 €
Für 3 weitere Stunden: 3 €
Für eine angefangene Stunde: 1 €
zusammen: 6 €

Sie bezahlt 6 €.

Alisa
Wie hoch ist die Parkgebühr?

Parkzeit	Gebühr
1 h	2 €
2 h	3 €
3 h	4 €
4 h	5 €
5 h	6 €

Die Parkgebühr ist 6 €.

b) An der Kinokasse kauft eine Besuchergruppe 3-mal Loge zu 7 Euro und 4-mal Parkett zu 5 Euro. Sie bezahlen mit einem 50-Euro-Schein. ?

Farid
Wie viel müssen sie bezahlen?

Loge: 3 · 7 € = 21 €
Parkett: 4 · 5 € = 20 €
zusammen: 41 €

Sie bezahlen 41 €.

Malte
Wie viel Wechselgeld bekommen sie zurück?

Loge: [7 €] [7 €] [7 €]
Parkett: [5 €] [5 €] [5 €] [5 €]
50 € − 41 € = 9 €

Sie bekommen 9 Euro zurück.

Vergleicht eure Fragen und Lösungen mit denen der Kinder.

2 Sarah und Felix holen sich ein Eis. Sarah kauft eine Eiswaffel mit 3 Kugeln, Felix eine Eiswaffel mit 2 Kugeln. Eine Kugel kostet 0,80 Euro. Ihre Oma hat ihnen 10 Euro gegeben. ?

3 Anna und Jonas machen eine Fahrradtour. Bis zum Zielort sind es 75 km. Sie fahren um 9 Uhr los und haben bis zur Mittagsrast um 12 Uhr 45 km zurückgelegt. Um 14 Uhr fahren sie weiter. ?

4 Vater fährt mit Leonie auf dem Schiff nach Helgoland. Kinder zahlen die Hälfte. Zusammen zahlen sie 57 Euro. Vater zahlt mit drei 20-Euro-Scheinen. ?

5 Leo hat 420 Euro gespart und kauft sich eine Fahrradausrüstung. Das Fahrrad kostet 398 Euro, der Helm 38 Euro, ein Tacho 24 Euro und ein Schloss 9 Euro. ?

6 Emma hat 2 Euro. Sie möchte Brötchen kaufen. Ein Brötchen kostet 32 Cent. ?

7 Im Orchester spielen 14 Musiker die 1. Geige, 12 die 2. Geige, 10 die Bratsche, 8 das Cello, 6 den Kontrabass, je 2 die Flöte, die Oboe, die Klarinette, das Fagott und die Trompete, 3 spielen das Waldhorn und einer die Pauke. ?

■ **1–7** Fragen zu Sachaufgaben finden, Aufgaben lösen und Fragen beantworten. Ergebnisse interpretieren (Mathekonferenz). → Arbeitsheft, Seite 40

Sachrechnen im Kopf

1 Rechne die Aufgaben im Kopf.

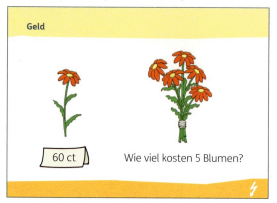

Geld — 60 ct — Wie viel kosten 5 Blumen?

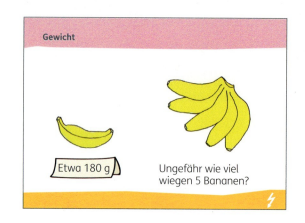

Gewicht — Etwa 180 g — Ungefähr wie viel wiegen 5 Bananen?

Stellt euch selbst solche Aufgaben.

2 Preis: gegeben: zurück:

1,70 Euro

3

1 Ei wiegt etwa 50 g.   10 Eier wiegen etwa ? g.

4

80 Cent   60 Cent   60 Cent
Alles zusammen kostet ? Euro.

5

8 kg   14 kg
Alles zusammen wiegt ? kg.

6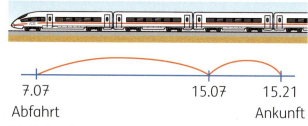

7.07   15.07   15.21
Abfahrt   Ankunft
Die Reisedauer beträgt ? h und ? min.

7

REG.-EXPRESS RE 711
ABFAHRT 18:17
BAHNSTEIG 12

Die Wartezeit beträgt ? min.

8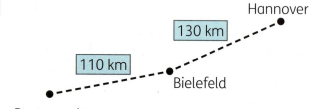

Hannover — 130 km — Bielefeld — 110 km — Dortmund

Die Gesamtstrecke beträgt ? km.

9

142 cm   163 cm

Der Unterschied beträgt ? cm.

Sachrechnen im Kopf

10 Wie viele Minuten bis zur vollen Stunde?
a) b)

11 Wie lang ist die Raupe ungefähr?

12 Preise für eine einfache Fahrt:

20 €	38 €	16 €	42 €
54 €	210 €	44 €	90 €
9 €	120 €		

a) Hin- und Rückfahrt kosten das Doppelte.
b) Kinderfahrkarten kosten die Hälfte.

13 Wie viel Geld?
7 Euro mehr als 250 Euro
7 Euro weniger als 250 Euro
7 Euro mehr als 500 Euro
7 Euro weniger als 500 Euro
7 Euro weniger als 1000 Euro

14
a) Wie viel fehlt zu einem Kilogramm?
990 g, 696 g, 785 g, 804 g

b) Wie viel fehlt zu 1000 Euro?
954 €, 540 €, 888 €, 398 €

c) Wie viel fehlt zu einem Meter?
72 cm, 94 cm, 390 mm, 925 mm

d) Wie viel fehlt zu einem Kilometer?
987 m, 450 m, 860 m, 754 m

e) Wie viel fehlt zu einer Minute?
17 s, 54 s, 49 s, 33 s, 43 s, 51 s

f) Wie viel fehlt zu zwei Stunden?
68 min, 99 min, 107 min, 115 min, 87 min, 120 min

15 In gleiche Teile teilen.

a) 1000 €
- 2 mal 500 €
- 4 mal ? €
- 5 mal ? €
- 10 mal ? €
- 100 mal ? €

b) 1 km
- 2 mal ? m
- 4 mal ? m
- 5 mal ? m
- 8 mal ? m
- 10 mal ? m

c) 1 kg
- 10 mal ? g
- 8 mal ? g
- 4 mal ? g
- 2 mal ? g
- 5 mal ? g

d) 1 min
- 2 mal 30 s
- 3 mal ? s
- 4 mal ? s
- 5 mal ? s
- 10 mal ? s

16
a) Wie viele Gramm?
1 g weniger als 1 kg
10 g weniger als 1 kg
100 g weniger als 1 kg

b) Wie viele Meter?
1 m weniger als 1 km
10 m weniger als 1 km
100 m weniger als 1 km

c) Wie viele Millimeter?
2 mm weniger als 1 cm
2 mm weniger als 10 cm
2 mm mehr als 1 cm

d) Wie viele Sekunden?
1 s weniger als 1 min
10 s weniger als 1 min
100 s weniger als 2 min

e) Wie viele Minuten?
10 min weniger als 1 h
10 min mehr als 1 h
50 min weniger als 2 h

f) Wie viel Cent?
10 ct weniger als 1 €
10 ct mehr als 1 €
5 ct weniger als 1 €

10–16 Übung von Basiskompetenzen zu Größen und Sachrechnen. Evtl. mit Rechengeld legen, Zeiten an Lernuhr einstellen, Längen am Maßband oder Lineal zeigen. Weiterführung im Sachrechenkurs. → Arbeitsheft, Seiten 66–68
Grundwissen über Größen

Grundrisse und Seitenansichten

1 Baut aus Quadernetzen einen roten, einen blauen und einen gelben Quader.

2 Stellt die Quader nach dem Grundriss auf. Aus welcher Himmelsrichtung seht ihr die Seitenansichten?

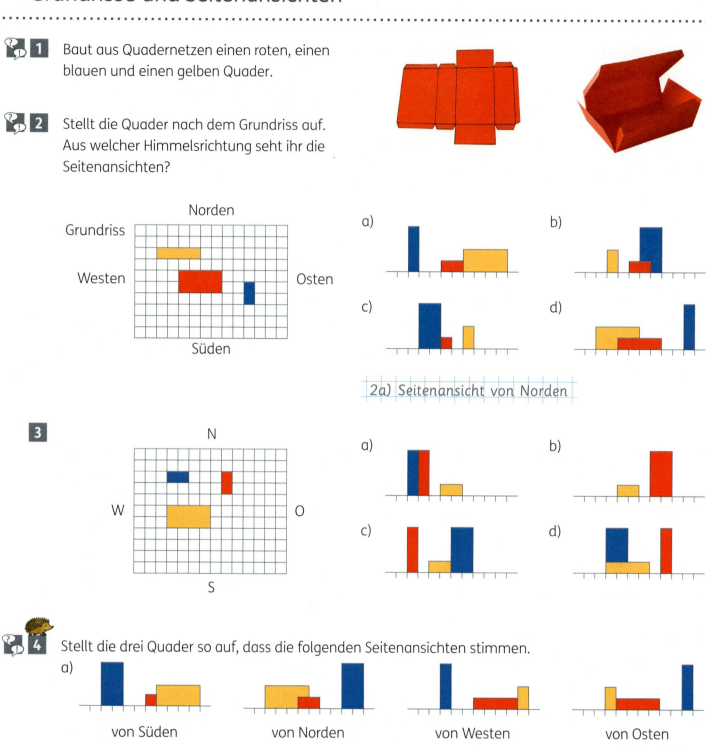

2a) Seitenansicht von Norden

3

4 Stellt die drei Quader so auf, dass die folgenden Seitenansichten stimmen.

a) von Süden — von Norden — von Westen — von Osten

b) 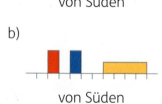 von Süden — 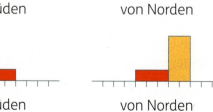 von Norden —  von Westen — 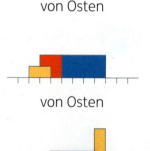 von Osten

c)  von Süden — 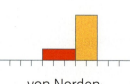 von Norden — 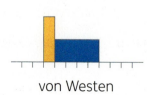 von Westen —  von Osten

5 Stellt selbst Quader auf. Zeichnet Seitenansichten und Grundrisse.

1 Quader bauen und färben. Quadernetz und Gitternetz als KV. **2–5** Grundriss und Seitenansichten richtig aufeinander beziehen. Weiterführung im Basiskurs Formen.

Wege im Stadtplan

1 a) Leo geht morgens zur Schule. Zuerst geht er ein Wegstück nach **Osten** (O) in Richtung Kirche, dann zwei Wegstücke in Richtung **Norden** (N) und am Schluss noch ein Wegstück nach **Osten** (O). Zeige den Weg im Plan.
So kann man den Weg kurz notieren: ONNO. Warum müssen N und O zweimal vorkommen?

b) Eva möchte sich ein Eis kaufen. Sie geht zuerst zum Parkplatz, biegt dann rechts ab und beim Spielplatz biegt sie links ab. Dann geht sie zwei Wegstücke nach Norden und biegt rechts ab.
Zeige Evas Weg: NNOONNO. Erkläre.

2 Wohin gelangen die Kinder?
a) Leo geht den Weg NNO.

    1a) Leo gelangt zur Bäckerei.

b) Ina geht den Weg SOO.

c) Eva geht den Weg NONOO.

d) Eva geht den Weg NONOSSWW.

3 Ohne Umweg hat Ina
a) 1 Möglichkeit zum Taxistand zu gelangen.   *3a) O*

b) 4 Möglichkeiten zur Schule zu gelangen.   *3b) O O O S,*

c) 5 Möglichkeiten zur Musikschule zu gelangen.

Schreibe jeweils alle Möglichkeiten auf und achte auf die Muster.

4 Wie viele Möglichkeiten hat Eva, um ohne Umweg
a) zum Schwimmbad zu gelangen?   b) zu Ina zu gelangen?   c) zum Spielplatz zu gelangen?
Schreibe alle Möglichkeiten auf und achte auf die Muster.

1–4 Finden und Beschreiben verschiedener Wege mithilfe der Himmelsrichtungen.

Wege auf der Autobahn

Auf welchen Wegen kann man von Dortmund nach München fahren?
Wie lang sind diese Wege?

DO-KS-WÜ-M
155 + 194 + 257 = ...
5 + 4 + 7 =
50 + 90 + 50 =
100 + 100 + 200 =

DO-WÜ-UL-M
338 + 162 + 115 = ...
300 + 100 + 100 =
30 + 60 + 10 =
8 + 2 + 5 =

DO-WÜ-M
338 + 257 = 595
8 + 7 =
30 + 50 =
300 + 200 =

Teilstrecken addieren. Die Zahlen zwischen den mit weißen Kreisen markierten Knotenpunkten geben die Entfernung in Kilometer an (KV).

Schriftliche Addition

Von Dortmund über Würzburg nach München
338 km + 257 km = ...

338 + 257 =
8 + 7 = 15
30 + 50 = 80
300 + 200 = 500

	T	H	Z	E
				3 3 8
+				2 5 7
				1
			5	9 5

Summe

Addiere erst die Einer, dann die Zehner, dann die Hunderter. Achte auf die Überträge.

Sprich:
7 + 8 = 15.   Schreibe 5, übertrage 1.
6 + 3 = 9.   Schreibe 9.
2 + 3 = 5.   Schreibe 5.

1 Rechne schriftlich.

a) 144 + 153   b) 479 + 146   c) 205 + 345   d) 531 + 420   e) 392 + 508

2 Wie lang sind die Wege?

a) WÜ-KS-DO   b) M-WÜ-KS   c) DO-WÜ-UL   d) UL-M-SB   e) HH-B-DD

194 + 155   257 + 194   338 + 162   115 + 141   289 + 194

3 Schreibe stellengerecht untereinander und rechne. Rechne auch immer die Tauschaufgabe zur Kontrolle.

a) 329 + 37   b) 892 + 86   c) 328 + 659   d) 482 + 324   e) 586 + 191   f) 386 + 119
   477 + 156   693 + 186   439 + 437   678 + 182   375 + 291   107 + 297
   208 + 425   379 + 419   678 + 87   488 + 192   26 + 529   156 + 147
   174 + 189   796 + 182   368 + 286   142 + 466   177 + 267   716 + 82

4 Wie lang sind die Wege? Benutze die Autobahnkarte.

a) M-UL-WÜ   b) WÜ-M-SB   c) K-F-UL   d) K-DO-KS

e) HB-H-MD   f) HB-HH-B   g) HB-H-MD-B   h) H-MD-B-DD

83

Übungen zur schriftlichen Addition

1 Lege mit den Ziffernkarten [1][2][3][4][5][6] zwei dreistellige Zahlen und berechne die Summe.

```
  3 4 6
+ 1 2 5
-------
  4 7 1
    1
```

a) Finde weitere Aufgaben.

b) Vertausche zwei Ziffernkarten und rechne neu.

```
  3 6 4          3 6 2
+ 2 1 5        + 4 1 5
-------        -------
  5 7 9
```

Finde weitere Aufgaben.

Bilde vom Ergebnis immer die Quersumme. QS von 579: 5 + 7 + 9 = 21

c) Vertausche zwei Ziffernkarten so, dass sich die Summe nicht ändert.

d) Lege eine Aufgabe mit der kleinsten Summe.

e) Lege eine Aufgabe mit der größten Summe.

Kontrolliere:
Alle Ergebnisse haben die Quersumme 12 oder 21.

2 Lege mit den Ziffernkarten [1][2][3][5][7][9] drei zweistellige Zahlen und berechne die Summe.

```
  5 7
  3 9
+ 2 1
-----
  1 1 7
  1 1
```

Beginne bei den Einern.

Sprich:
1 plus 9 gleich 10, plus 7 gleich 17.   Schreibe 7, übertrage 1.
3 plus 3 gleich 6, plus 5 gleich 11.   Schreibe 1, übertrage 1.
                                          Schreibe 1.

a) Finde weitere Aufgaben.

b) Vertausche zwei Ziffernkarten und berechne die Summe neu.

c) Lege eine Aufgabe mit der kleinsten Summe.

d) Lege eine Aufgabe mit der größten Summe.

e) Lege verschiedene Aufgaben mit der Summe 180.

Kontrolliere:
Alle Ergebnisse haben die Quersumme 9 oder 18.

3 Lege mit den Ziffernkarten [1][2][3][4][5][6][7][8][9] Aufgaben

a) mit der Summe 555,

b) mit der Summe 777,

c) mit der Summe 999,

d) mit der Summe 1000.

```
  4 8 2          3 9 8
+   7 3   oder + 1 5 7
-------        -------
  5 5 5          5 5 5
    1              1 1
```

4 Lege mit den Ziffernkarten [1][2][3][4][5][6][7][8][9] drei dreistellige Zahlen und berechne die Summe.

a) Lege Aufgaben mit der Summe 900.

b) Lege Aufgaben mit der Summe 999.

c) Findest du auch drei dreistellige Zahlen mit der Summe 1000?

```
4a)   4 9 7
      2 3 5
    + 1 6 8
    -------
      9 0 0
        2 2
```

1–4 Üben der schriftlichen Addition mithilfe von Ziffernkarten.

Übungen zur schriftlichen Addition

5 Schöne Päckchen? Schreibe stellengerecht untereinander und berechne die Summe.

a)	b)	c)	d)	e)	f)
187 + 368	351 + 629	655 + 321	692 + 212	207 + 96	12 + 321
294 + 372	442 + 538	546 + 432	569 + 234	74 + 330	123 + 432
401 + 376	533 + 447	435 + 543	446 + 256	453 + 52	234 + 543
508 + 380	624 + 356	328 + 654	323 + 278	27 + 579	345 + 654
615 + 384	714 + 265	219 + 765	200 + 300	669 + 38	456 + 765

6 Welche Ziffer fehlt?

a)
```
  352
+  26
  378

  352
+  2▢
    1
  381
```

b)
```
   38
+ 2▢1
  269

   38
+ 2▢1
    1
  319
```

c)
```
  4▢3
+ 542
  985

  4▢3
+ 542
   11
 1025
```

d)
```
  276
+ 3▢▢
  598

  276
+ 3▢▢
    1
  648
```

e)
```
  4▢▢
+ 523
  999

  4▢▢
+ 526
  111
 1000
```

f)
```
  562
+ ▢▢5
  897

  562
+ ▢▢5
    1
  927
```

7 Hier fehlen alle Ziffern der zweiten Zahl und alle Überträge. Ergänze.

a)
```
  246         468         357
+ 531       + ▢▢▢       + ▢▢▢
  777         888         888
```

b)
```
  123         234         753
+ ▢▢▢       + ▢▢▢       + ▢▢▢
  987         876         999
```

c)
```
  456         864         642
+ ▢▢▢       + ▢▢▢       + ▢▢▢
  654        1010        1010
```

d)
```
  654         432         321
+ ▢▢▢       + ▢▢▢       + ▢▢▢
  831         809         798
```

Forschen und Finden

8 Bilde aus den Ziffern 2 3 4 5 6 7 zwei dreistellige Zahlen und addiere sie.

```
  472        263        235        564        267
+ 356      + 754      + 674      + 327      + 345
    1          1          1                    11
  828       1017        909        891        612
```

Kontrolliere: Die Quersumme der Ergebnisse kann nur bestimmte Werte haben.

a) Finde das kleinste und das größte Ergebnis.

b) Finde Aufgaben zu den Ergebnissen 720, 729 und 738.

c) Finde Ergebnisse möglichst nah an 600, 700, 800, …

d) Finde Ergebnisse möglichst nah an 666, 777, 999, 1 111.

e) Versuche möglichst viele Ergebnisse zwischen 900 und 1 000 zu finden.

f) Wähle selbst mögliche Zahlen und versuche sie als Ergebnisse zu erreichen.

Überschlagen – Überprüfen

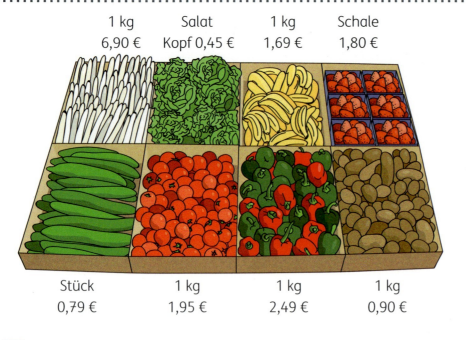

1 kg 6,90 € Salat Kopf 0,45 € 1 kg 1,69 € Schale 1,80 €

Stück 0,79 € 1 kg 1,95 € 1 kg 2,49 € 1 kg 0,90 €

1 a) Lukas hat 10 Euro. Reicht das Geld?

| 2 Salate |
| 1 kg Tomaten |
| 1 Schale Erdbeeren |
| 3 kg Kartoffeln |

1a) Ü: 1
         2
         2
       + 3

b) Lara hat 10 Euro. Reicht das Geld?

| 1 kg Bananen |
| 1 kg Spargel |
| 2 Schalen Erdbeeren |
| 2 kg Kartoffeln |

c) Reichen 15 Euro?

| 500 g Spargel |
| 1 kg Kartoffeln |
| 2 kg Tomaten |
| 2 Schalen Erdbeeren |
| 2 kg Bananen |

2 Was könntest du für 10 Euro einkaufen?

3 Berechne die genaue Summe und überprüfe mit einem Überschlag.

a)
```
              EURO
OBST          2.30
LEBENSM       1.39
NONFOOD       1.50
DROGERIE      2.29
LEBENSM       5.79
GEMÜSE        1.95
SUMME
```

b)
```
              EURO
NONFOOD      14.99
GETRÄNKE      9.99
WURSTW        0.98
GEMÜSE        0.99
LEBENSM       4.29
NONFOOD       4.49
SUMME
```

c)
```
              EURO
OBST          3.05
MOLKEREI      1.29
LEBENSM       5.99
GETRÄNKE      7.85
WURSTW        3.45
SUMME
```

d)
```
              EURO
GEMÜSE        4.25
OBST          3.75
KÄSE          2.65
MOLKEREI      2.58
BACKW         4.20
SUMME
```

4 Katharina hat eingekauft.
Reichen 15 Euro?
Überschlage.
Rechne genau.

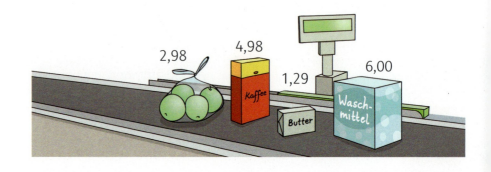

2,98   4,98   1,29   6,00

1 Prinzip des Überschlags beim Einkauf und bei der Prüfung von Kassenbons besprechen. → Arbeitsheft, Seite 43

Überschlagen – Überprüfen

5 Das Auto von Familie Müller darf mit höchstens 530 kg beladen werden.

Vater 78 kg
Mutter 61 kg
Lena 21 kg   Tom 35 kg   Rocky 14 kg

 15 kg   25 kg   24 kg   24 kg

 18 kg   12 kg   16 kg   12 kg

 9 kg   12 kg

a) Ist das Auto überladen? Überschlage.
b) Auf das Dach dürfen höchstens 100 kg.

6 Überschlage, rechne und vergleiche das Ergebnis mit deinem Überschlag.

a) 271 + 728
   649 + 239
   348 + 429

b) 409 + 146
   306 + 137
   198 + 197

c) 127 + 278
   469 + 392
   384 + 249

d) 523 + 477
   792 + 207
   742 + 146

e) 912 + 37 + 51
   833 + 21 + 36
   671 + 81 + 28

f) 419 + 358
   352 +   92
   887 +   77

g) 549 + 44 + 77
   349 + 49 + 52
   147 + 87 + 78

```
6a) Ü: 300 + 700 = 1000

         271
       + 728
       _____
```

7 Baue aus 6 Steinen eine Zahlenmauer. Überschlage zuerst.

a) 930 | 589 | 371 | 341 | 218 | 123

b) 660 | 462 | 330 | 198 | 132 | 66

c) 109 | 228 | 323 | 432 | 551 | 983

d) 99 | 198 | 297 | 396 | 495 | 792

8 Trage die Zahlen passend in ein Rechendreieck ein. Probiere.

a) 109, 317, 426, 468, 577, 785

c) 661, 572, 478, 277, 183, 94

e) 69, 78, 84, 147, 153, 162

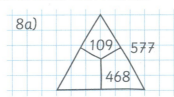

b) 88, 133, 221, 297, 385, 430

d) 147, 246, 345, 393, 492, 591

f) 23, 107, 130, 191, 214, 298

9 Erfindet eigene Zahlenmauern und Rechendreiecke. Stellt euch gegenseitig Aufgaben wie in **7** und **8**.

Tonne und Kilogramm

1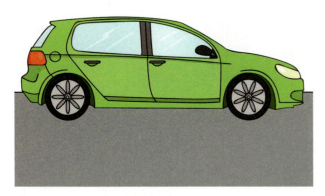

a) Das Auto wiegt 1033 kg.
Wie viele kg sind es mehr als eine Tonne?

b) Die Kinder wiegen zusammen 940 kg.
Wie viele kg fehlen bis zu einer Tonne?

2 Die Sicherheit eines großen Aufzuges soll überprüft werden. Der Monteur muss hierfür den Aufzug mit 1 Tonne belasten.
Wie viele 25-kg-Gewichte benötigt der Monteur?

> **!** 1 Tonne hat 1000 Kilogramm.
> 1 t = 1000 kg
> 1 t = 10 · 100 kg
> Eine halbe Tonne hat 500 kg.

3 Ein kleiner Laster hat ein Leergewicht von 2 t 800 kg. Seine Ladung wiegt 2 t 300 kg.
Vor der Brücke sieht die Fahrerin dieses Schild.
Darf sie weiterfahren?

4 Aus Sicherheitsgründen müssen für eine Person 75 kg vorgesehen werden.
a) Wie viele Personen können mit dem Aufzug im Bild fahren?
b) Lest in Aufzügen eurer Umgebung die Personenzahl und die Tragkraft ab.

5 Ordne die verschiedenen Gewichte.
Beginne mit dem kleinsten.

Alle Angaben sind ungefähre Werte.

a)
Betankter Jumbojet	363 t
Kühlschrank	40 kg
Linienbus	17 t
Mondrakete Saturn	2837 t
Rettungswagen	3 t 500 kg
Straßenbahn	50 t
Waschmaschine	95 kg

b)
Bär	800 kg
Blauwal	130 t
Elefant	5 t
Nashorn	2 t 400 kg
Pottwal	53 t
Seelöwe	90 kg
Tiger	350 kg

■ Erste Erfahrungen zur Gewichtseinheit Tonne sammeln. Dabei Tausenderstruktur nutzen.

Verpackungen

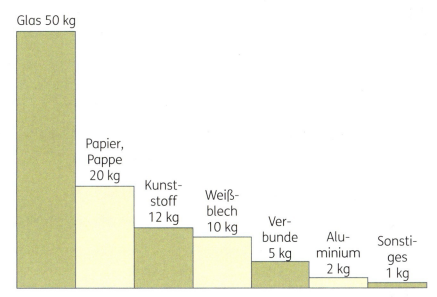

1 Jeder kann Müll vermeiden!
Jeder Bundesbürger hinterlässt im Jahr mehr als 300 kg Müll. Viel davon kann wiederverwertet werden, z. B. der Verpackungsmüll.

a) Berechne, wie viele kg Verpackungsmüll jeder Bundesbürger pro Jahr hinterlässt.

b) Was passiert bei euch mit dem Verpackungsmüll?

Durchschnittlicher Verpackungsmüll eines Bundesbürgers im Jahr

 2 Bei welchen Verpackungen erkennt ihr Quader, Würfel oder Zylinder?

Welche Vor- und Nachteile haben die verschiedenen Verpackungen?

 3 Einige Verpackungen wurden aufgetrennt und auseinander gefaltet. Welche waren es?
Welche Körperformen erkennt ihr?

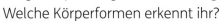

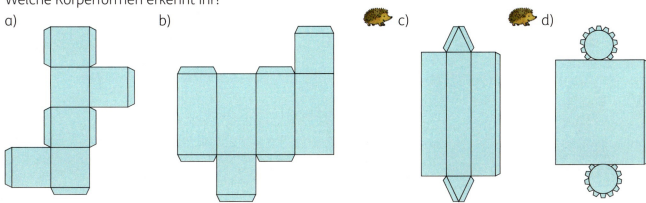

 4 Sammelt selbst Verpackungen, trennt sie auf und faltet sie auseinander.

Zur Beschreibung der Verpackungen Körper- und Flächenbegriffe nutzen.   **4** Selbst Verpackungen mitbringen und untersuchen.

Mit Würfeln bauen

1 a) Die Baupläne zeigen, wie die Würfel angeordnet sind. Erkläre.

 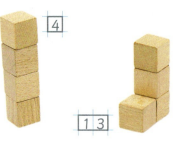  

b) Bestimme jeweils die Anzahl der Würfel. Vergleiche mit dem Bauplan.

2 Die Kinder haben nach diesen Plänen gebaut. Immer zwei Kinder haben den gleichen Plan verwendet. Ordne zu.

a)   b)

c)   d)

Alexa

Katrin

Julia

Moritz

Elias

Sandra

Stefan

Fabian

3 Sarah   Max

 Robin   Alina

Die Kinder haben ein Gebäude betrachtet und Baupläne gezeichnet. Ein Plan ist falsch. Zeichne die Pläne, schneide sie aus und finde durch Drehen den Fehler.

Robin   Alina   Max   Sarah

4 Baue mit 6 Würfeln auf dem Grundriss ▭▭▭. Es gibt 6 verschiedene Baupläne. Zeichne sie.

5 Baue selbst Gebäude und zeichne dazu Baupläne.

1 Beziehung Gebäude-Bauplan besprechen. **2, 3** Herausarbeiten, dass ein Bauplan nur die Beziehung der Gebäudeteile zueinander, nicht aber die Lage und Ausrichtung des Gebäudes im Raum festlegt. **4** Verschiedene Zerlegungen der 6 geometrisch umsetzen. → Arbeitsheft, Seite 44

Mit Würfeln bauen

6 a) Baue die Gebäude nach diesen Plänen.
Zeige durch Drehen, welche gleich sind.

b) Zeichne die Baupläne, schneide sie aus.
Zeige durch Drehen, welche gleich sind.

7 Spiegelsymmetrische Gebäude
a) Baue zwei Gebäude nach diesen Bauplänen und stelle sie nebeneinander.

b) Betrachte jedes Gebäude im Spiegel.
Was fällt dir auf?

c) Betrachte jeden Bauplan im Spiegel.
Was fällt dir auf?

d) Vergleiche die beiden Gebäude mit deiner rechten und linken Hand.
Denke dir den Dreierturm als Daumen.
Was fällt dir auf?

8 Welche Baupläne liefern das gleiche Gebäude?

a) b) c) d) e) f) g) h)

Forschen und Finden

9 Baue auf dem Grundriss mit 5 Würfeln.
Es gibt 6 verschiedene Baupläne. Zeichne sie.

10 Baue auf dem Grundriss mit 6 Würfeln.
Es gibt 10 verschiedene Gebäude.
Zeichne die Baupläne.

11 Findet die Baupläne aller Gebäude, die man mit 1, 2, 3 oder 4 Würfeln bauen kann.
Zeichnet sie und baut die Gebäude nach.
Für alle Gebäude zusammen benötigt ihr genau 77 Würfel.
Überlegt zuerst, wie die Grundrisse aussehen können. Wie viele Baupläne kann man aus jedem Grundriss herstellen?

Zähler

1 Melissa fährt mit dem Fahrrad von Xanten nach Wesel.

Zählerstand Zählerstand
bei der Abfahrt bei der Ankunft

a) Wie verändert sich der Kilometerzähler beim Fahren?

b) Wie viele Kilometer ist Melissa gefahren?

2 Emil macht eine Fahrradtour von der Sababurg nach Hameln an der Weser entlang.
Der Zähler zeigt bei der Abfahrt 439, bei der Ankunft 567.
Wie viele Kilometer ist er gefahren?

Emil bringt zuerst die Einer auf den Zählerstand,
dann die Zehner, dann die Hunderter.

Wie viele Einer, Zehner und Hunderter muss er weiterdrehen?
Er überlegt am Rechenstrich.

8 + 20 + 100 = 128   Emil ist 128 km gefahren.

3 Ergänze Stelle für Stelle.

Zählerstand alt		Zwischenstand		Zwischenstand		Zählerstand neu
a) 137	..... Einer dazu	144	..... Zehner dazu	214	..... Hunderter dazu	614
b) 661		668		748		948
c) 298		304		314		714
d) 199		204		204		704
e) 361		368		448		448
f) 189		193		243		743

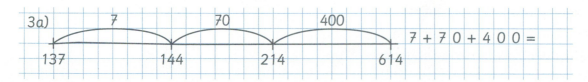

7 + 70 + 400 =

4 Erfinde selbst Aufgaben.

Schriftliche Subtraktion

Zählerstand alt   Zählerstand neu

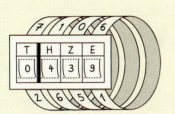 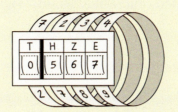

	T	H	Z	E
		5	6	7
−		4	3	9
			1	
		1	2	8

Differenz

T	H	Z	E
	4	3	9

+8 E →

T	H	Z	E
	4	4	7

+2 Z →

T	H	Z	E
	4	6	7

+1 H →

T	H	Z	E
	5	6	7

Ergänze erst die Einer, dann die Zehner, dann die Hunderter. Achte auf die Überträge.

```
  H Z E
  5 6 7
− 4 3 9
    1
  1 2 8 — Differenz
```

Sprich:
9 + 8 = 17.   Schreibe 8, übertrage 1.
4 + 2 = 6.   Schreibe 2.
4 + 1 = 5.   Schreibe 1.

1
a) 997 − 316   b) 885 − 313   c) 773 − 310   d) 668 − 314   e) 549 − 304   f) 437 − 81

2
a) 986 − 342   b) 885 − 341   c) 761 − 317   d) 628 − 284   e) 580 − 236   f) 336 − 83

3 Schreibe stellengerecht untereinander und rechne.

a)	b)	c)	d)	e)	f)
841 − 208	816 − 183	872 − 128	672 − 373	789 − 567	767 − 676
691 − 325	516 − 150	704 − 128	372 − 84	678 − 567	868 − 686
769 − 136	791 − 158	616 − 128	581 − 282	876 − 567	858 − 585
790 − 424	441 − 208	488 − 128	383 − 95	765 − 567	959 − 595
962 − 329	716 − 83	1000 − 128	490 − 191	654 − 567	949 − 494

Kontrolliere:
Rechne zur Probe die Umkehraufgabe.

```
3a)  8 4 1       P:  6 3 3
   − 2 0 8         + 2 0 8
       1               1
     6 3 3           8 4 1
```

4
a) Der Zähler eines Fahrrades zeigt bei der Abfahrt 698, bei der Ankunft nach einer Stunde 712. ?

b) Der Tageskilometerzähler eines Autos zeigt bei der Abfahrt 409, bei der Ankunft nach einer Stunde 504. ?

Übungen zur schriftlichen Subtraktion

1 Lege mit den Ziffernkarten [1][2][3][4][5][6] zwei dreistellige Zahlen und berechne den Unterschied.

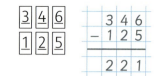

```
  3 4 6
- 1 2 5
-------
  2 2 1
```

a) Finde weitere Aufgaben.

b) Vertausche zwei Ziffernkarten und rechne neu.

```
  4 3 6        4 1 6
- 2 1 5      - 2 3 5
-------      -------
  2 2 1        1 8 1
```

c) Lege eine Aufgabe mit einem möglichst großen Unterschied.

d) Lege eine Aufgabe mit einem möglichst kleinen Unterschied.

```
  6 1 2
- 5 4 3
```
Geht es noch besser?

e) Lege eine Aufgabe mit einem Unterschied nahe bei 100.

```
  3 6 1
- 2 5 4
-------
  1 0 7
```
Geht es noch besser?

f) Lege eine Aufgabe mit einem Unterschied möglichst nahe an 111, 222, 333 und 444.

2 Lege mit den Ziffernkarten [1][2][3][5][7][9] zwei dreistellige Zahlen. Berechne den Unterschied.

```
  7 2 3
- 5 1 9
-------
  2 0 4
```

a) Finde weitere Aufgaben.

b) Vertausche zwei Ziffernkarten und berechne den Unterschied.

```
  7 3 2        9 3 2
- 5 9 1      - 5 7 1
```

c) Suche eine Aufgabe mit einem möglichst großen Unterschied.

d) Suche eine Aufgabe mit einem möglichst kleinen Unterschied.

e) Suche Aufgaben zu den Ergebnissen 452, 268, 359.

3 a) Lege mit den Ziffernkarten [1][5][7] je zwei verschiedene dreistellige Zahlen und berechne den Unterschied. Du kannst 15 verschiedene Aufgaben finden.

```
3a)  7 5 1     7 5 1     7 5 1     5 7 1     5 7 1     1 7 5
   - 5 7 1   - 1 7 5   - 7 1 5   - 5 1 7   - 1 7 5   - 1 5 7
```

b) Lege und rechne genauso mit [6][2][4].

c) Wähle selbst drei Ziffernkarten und rechne genauso.

Kontrolliere: Alle Ergebnisse haben die Quersumme 9 oder 18.

1–3 Üben der schriftlichen Subtraktion mithilfe von Ziffernkarten.

Übungen zur schriftlichen Subtraktion

4 Rechne und vergleiche die Ergebnisse. Was fällt dir auf? Begründe.

a) H Z E: 654 − 135 ; H Z E: 654 − 519

b) H Z E: 543 − 216 ; H Z E: 543 − 327

c) H Z E: 390 − 167 ; H Z E: 390 − 223

d) 456 − 217 ; 456 − 239

e) 849 − 567 ; 849 − 282

f) 615 − 241 ; 615 − 374

5 Rechne und vergleiche.

a) 987 − 99 ; 888 − 99 ; 987 − 198

b) 876 − 99 ; 777 − 99 ; 876 − 198

c) 765 − 99 ; 666 − 99 ; 765 − 198

d) 753 − 198 ; 555 − 198 ; 753 − 396

e) 864 − 198 ; 666 − 198 ; 864 − 396

f) 975 − 198 ; 777 − 198 ; 975 − 396

6 Schöne Päckchen. Was fällt dir auf? Begründe.

a) 700 − 501 ; 690 − 502 ; 680 − 503 ; 670 − 504

b) 610 − 401 ; 619 − 412 ; 628 − 423 ; 637 − 434

6a) Die erste Zahl verringert sich immer um 10, die Zahl, die abgezogen wird, erhöht sich immer um 1. Insgesamt verringert sich das Ergebnis immer um 11.

7

a) 801 − 610 ; 810 − 619 ; 819 − 628 ; 828 − 637

b) 601 − 427 ; 702 − 528 ; 803 − 629 ; 904 − 730

c) 164 − 87 ; 275 − 98 ; 386 − 109 ; 497 − 120

d) 207 − 107 ; 216 − 117 ; 225 − 127 ; 234 − 137

e) 891 − 768 ; 801 − 679 ; 711 − 590 ; 621 − 501

f) 166 − 89 ; 255 − 178 ; 344 − 267 ; 433 − 356

8 Welche Ziffer fehlt?

a) 89**6** − 361 = 535 ; ■26 − 312 = 414 ; 894 − 6■2 = 282

b) 867 − 211 = 6■6 ; ■05 − 232 = 373 ; 942 − ■55 = 787

c) 5■8 − 25■ = 320 ; 22■ − 1■7 = 98 ; 734 − 5■7 = 19■

d) 86■ − ■39 = 328 ; 6■4 − 36■ = 285 ; 73■ − ■8 = 286

e) 971 − ■7■ = 693 ; 734 − ■■■ = 609 ; ■37 − 1■■ = 338

f) 649 − ■6■ = 4■6 ; ■27 − 1■1 = 24■ ; 5■6 − ■3■ = 327

■ Die Überträge wurden überall weggelassen, damit die Aufgaben auch für das Abziehverfahren verwendet werden können. → Arbeitsheft, Seite 47

Umkehrzahlen

Forschen und Finden

1 Wähle eine dreistellige Zahl.
Suche die Umkehrzahl mit den gleichen Ziffern.
Ziehe dann die kleinere Zahl von der größeren ab.

Beispiele:

gewählte Zahl: 743　　　　gewählte Zahl: 258　　　　gewählte Zahl: 990
Umkehrzahl:　　347　　　　Umkehrzahl:　　852　　　　Umkehrzahl:　　　99

```
  7 4 3            8 5 2            9 9 0
- 3 4 7          - 2 5 8          -   9 9
```

Rechne zehn weitere Beispiele und ordne die Ergebnisse nach der Größe.

2 a) Nimm die folgende Zeile aus dem Tausenderbuch und rechne ebenso:
911, 912, 913, 914, 915, 916, 917, 918, 919, 920.

```
  9 1 1            9 1 2            9 1 3
- 1 1 9          - 2 1 9          - 3 1 9
```

Wie ändern sich die Ergebnisse? Begründe.

b) Rechne ebenso mit anderen Zeilen im Tausenderbuch.

c) Rechne ebenso mit folgender Spalte im Tausenderbuch:
201, 211, 221, 231, 241, 251, 261, 271, 281, 291.

```
  2 0 1            2 1 1            2 2 1
- 1 0 2          - 1 1 2          - 1 2 2
```

Wie ändern sich die Ergebnisse? Begründe.

d) Rechne ebenso mit anderen Spalten im Tausenderbuch.

3 a) Rechne einige Aufgaben von **1** und **2** auch mit dem Rechenweg Hunderter minus Hunderter, Zehner minus Zehner, Einer minus Einer.

```
743 - 347 =                  852 - 258 =

700 - 300 = 400              800 - 200 = 600
 40 -  40 =   0               50 -  50 =   0
  3 -   7 =  -4                2 -   8 =  -6
```

b) Schreibe alle möglichen Ergebnisse auf, die bei den obigen Rechnungen vorgekommen sind.
Welche Zahl steht bei den Ergebnissen immer in der Mitte?
Addiere bei den Ergebnissen immer die Endziffer und die Hunderterziffer.
Was fällt auf? Begründe es mit dem Rechenweg von a).

■ Die Subtraktion von Umkehrzahlen als Kontext für die produktive Übung der schriftlichen Subtraktion im Sinne der natürlichen Differenzierung.

Plus und minus

1

Förderverein der Grundschule „Am Park"				
Datum	Zweck	Einzahlung	Auszahlung	Kontostand
				680,00 €
08.02.2013	Spende	170,00 €		
25.03.2013	Rutsche		435,20 €	
28.04.2013	Mitgliedsbeiträge	195,50 €		
15.06.2013	Preise für Lesewettbewerb		106,40 €	
01.09.2013	Papiersammlung	86,80 €		

a) Welche Beträge wurden auf das Konto des Fördervereins der Grundschule „Am Park" eingezahlt oder von ihm abgehoben?

b) Berechne jeweils das neue Guthaben. Rechne schriftlich.

```
1b)    6 8 0,0 0 €
     + 1 7 0,0 0 €
       8 5 0,0 0 €

       8 5 0,0 0 €
     - 4 3 5,2 0 €
```

2 a) Guthaben   750,00 €   759,50 €   550,30 €   599,50 €
   Einzahlung   +135,00 €   + 25,80 €   +175,70 €   +233,90 €
   Neues Guthaben .... €   .... €   .... €   .... €

   b) Guthaben   885,00 €   785,30 €   726,00 €   833,40 €
   Auszahlung   -125,50 €   -235,00 €   -126,50 €   -320,00 €
   Neues Guthaben .... €   .... €   .... €   .... €

3 Immer plus 268 und minus 232.

a)   526   526   b)   789   789
   +268   -232   +268   -232
   -----   -----   -----   -----

c) Rechne ebenso mit 394, 478, 637.

d) Wähle selbst Zahlen und rechne.

4 Immer plus 146 und minus 354. Wähle Zahlen zwischen 500 und 600. Vergleiche die Ergebnisse.

5 Vergleiche die schriftlichen Rechnungen der Plusaufgaben mit den schriftlichen Rechnungen der beiden Umkehraufgaben nach dem Ergänzungsverfahren. Was fällt dir auf?

```
  568    E: 5 + 8     = 13              275    E: 8 + 5     = 13
+ 275    Z: 1 + 7 + 6 = 14            + 568    Z: 1 + 6 + 7 = 14
  1 1    H: 1 + 2 + 5 =  8              1 1    H: 1 + 5 + 2 =  8
  843                                   843

  843    E: 5 + 8     = 13              843    E: 8 + 5     = 13
- 275    Z: 1 + 7 + 6 = 14            - 568    Z: 1 + 6 + 7 = 14
  1 1    H: 1 + 2 + 5 =  8              1 1    H: 1 + 5 + 2 =  8
  568                                   275
```

6 Rechne ebenso zu jeder Plusaufgabe die beiden Umkehraufgaben und vergleiche.

a) 482   b) 568   c) 615   d) 743   e) 681   f) 237   g) 829
  +315   +324   +245   +182   +315   +491   +153
  ----   ----   ----   ----   ----   ----   ----

1–6 Integrierende Übungen zur Addition und Subtraktion. → Arbeitsheft, Seite 48

Manchmal mehr – manchmal weniger

1 Zehn Freunde nehmen an einem Angelwettbewerb teil.
Die Liste und das Schaubild zeigen, wie viele Fische jeder von ihnen gefangen hat.

a) Wer hat die meisten Fische gefangen, wer die wenigsten?

b) Wie viele Fische haben sie insgesamt gefangen?

c) Am Schluss teilen sie fair:
Wer viele Fische gefangen hat, gibt Fische an Freunde ab, die wenig gefangen haben.
Legt das Schaubild mit Plättchen nach und gleicht aus: G gibt 4 Fische an E, C gibt 2 Fische an I, K gibt 2 Fische an F und D gibt 1 Fisch an A.
Wie viele Fische hat danach jeder Angler?

A	||||
B	||||̸
C	||||̸ |||
D	||||̸ |
E	||
F	|||
G	||||̸ ||||̸
H	||||̸
I	|||
K	||||̸ ||

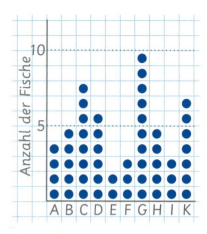

 2 Wie viele Blütenblätter durchschnittlich?

a) Das gelbe Körbchen eines Gänseblümchens ist von weißen Blütenblättern umgeben.
Die Kinder einer Klasse haben von einigen Blümchen sorgfältig die Blütenblätter ausgezupft und gezählt. Die Liste zeigt, dass die Zahlen schwanken.
Anzahl der Blütenblätter: 43, 46, 45, 47, 42, 44, 43, 45, 46, 47, 44, 45
Findet durch einen Ausgleich der Anzahlen heraus, wie viele Blütenblätter eine Blüte durchschnittlich hat.

```
2a) 4̶3̶, 46, 45, 4̶7̶, 42, 44, 43, 45, 46, 47, 44, 45
    4 5            4 5
```

b) Sammelt selbst Blüten von Gänseblümchen und bestimmt die durchschnittliche Anzahl der Blütenblätter.

3 Die Liste zeigt die Anzahlen der Gäste in einem Restaurant in einer Woche.
Findet durch einen Ausgleich der Anzahlen heraus, wie viele Gäste es an jedem Tag durchschnittlich waren.

Wochentag	Montag	Dienstag	Mittwoch	Donnerstag	Freitag	Samstag	Sonntag
Anzahl der Gäste	56	63	72	48	75	88	61

```
3) 56, 63, 72, 4̶8̶, 75, 8̶8̶, 61
       6 8        6 8
```

 1 Zufallsexperiment durchführen. Durch Ausgleich der Unterschiede mithilfe von Plättchen ein Verständnis vom Mittelwert anbahnen. **2, 3** Ausgleich wie angedeutet an den Zahlen durchführen.

Schülerzahlen

Klasse	Schülerzahl	Jungen	Mädchen
1a	26	12	14
1b	24	14	10
1c	25	13	12
2a	22	10	12
2b	23	11	12
2c	23	14	9
3a	28	14	14
3b	29	15	14
4a	24	10	14
4b	24	12	12
4c	25	15	10

1 Wie viele Klassen hat die Schule?

2 a) Welche Klasse hat die meisten Kinder, welche die wenigsten?   b) Ordne die Klassen der Größe nach.

3 Wie viele Kinder sind im 1. Schuljahr, wie viele im 2., 3. und 4. Schuljahr?

4 a) Wie viele Kinder sind an der Schule?   b) Wie viele Jungen sind an der Schule? Wie viele Mädchen?

5 Bestimme die durchschnittliche Schülerzahl einer Klasse.

6 Am Ende des Schuljahres werden alle Kinder der 4. Schuljahre entlassen.
Nach den Ferien kommen 72 Kinder ins 1. Schuljahr.
Wie viele Kinder sind dann an der Schule? Wie viele Klassen hat die Schule dann wahrscheinlich?

7 Stellt für eure Schule eine Klassenliste mit den Schülerzahlen zusammen und rechnet Aufgaben.

8 Befragt die Kinder des 4. Schuljahres: Wie kommt ihr zur Schule?
a) Stellt eine Tabelle auf.
b) Vergleicht auch mit eurer Klasse.

9 a) In einer Klasse sind 28 Kinder. Es sind 4 Jungen mehr als Mädchen. ?   b) Lina behauptet: In unserer Klasse sind auch 4 Jungen mehr als Mädchen. Es sind aber insgesamt nur 27 Kinder. ?

■ 1–6 Tabellen ablesen und besprechen.   7, 8 Transfer auf eigene Lebenswelt. Tabellen erstellen und besprechen.
9 Aufgaben auf Lösbarkeit prüfen.

Flächenformen

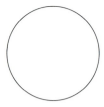
Kreis

Dreieck

Rechteck Quadrat

Fünfeck

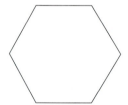
Sechseck

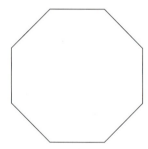
Achteck

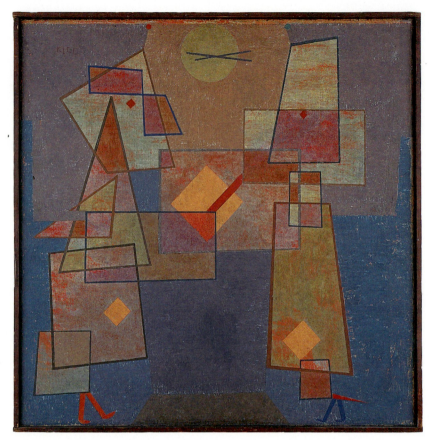
Paul Klee: Streitgespräch (Kunstmuseum Bern, Schweiz) 1929

Philosophenmosaik (Römisch-germanisches Museum, Köln) 3. Jahrhundert

1 Welche dieser Formen findest du in den Kunstwerken?

2 Welche dieser Formen findest du in der Schablone? Zeichne die Figuren ins Heft. Trage immer die Symmetrieachsen ein.

Flächenformen kennenlernen und beschreiben. Schablone (Beilage) einführen. Mit Schablone Formen zeichnen.

Parkette mit regelmäßigen Vielecken

1 Mit der Schablone kannst du deckungsgleiche Figuren zeichnen. Zeichne die Muster ab und setze sie fort.

a)

b)

c)

2 Wo findest du auf Seite 100 dieses Muster? Kannst du es nachzeichnen?

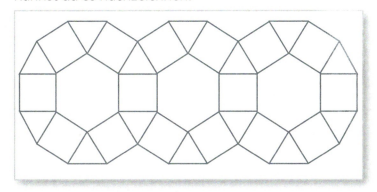

3 Zeichne eigene Muster.

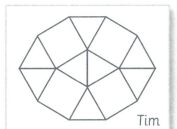

Tim

1, 2 Muster mit Schablone auf ein Zeichenblatt übertragen und fortsetzen.   3 Eigene Muster auf ein Zeichenblatt zeichnen und färben.   → Arbeitsheft, Seite 49

Multiplikationsaufgaben zerlegen

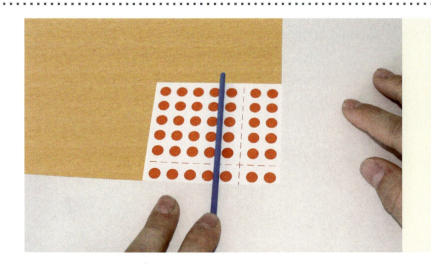

Einmaleinsaufgaben lassen sich in kleine Malaufgaben zerlegen.

$6 \cdot 7 = 42$

·	4	3
6	24	18

42

1

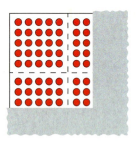

$8 \cdot 7$

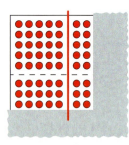

·	5	2
8		

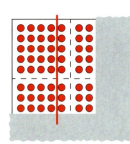

·	4	3
8		

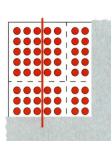

·	3	4
8		

```
1) 8 · 7 = 56      · | 5 | 2
                 8 | 40| 16
                         56
```

2

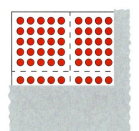

$6 \cdot 9$

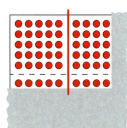

·	5	4
6		

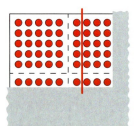

·	6	3
6		

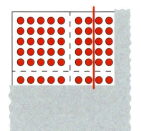

·	7	2
6		

3 Finde Zerlegungen zu den Aufgaben $7 \cdot 9$, $9 \cdot 8$ und $7 \cdot 7$.

4 Lege und rechne die Aufgabenpaare. Begründe das Muster am Feld.

| 4 · 4 | 7 · 2 | 6 · 3 | 5 · 5 | 9 · 4 | 7 · 3 | 8 · 5 |
| 4 · 8 | 7 · 4 | 6 · 6 | 5 · 10 | 9 · 8 | 7 · 6 | 8 · 10 |

■ 1–3 Einmaleinsaufgaben am Hunderterfeld legen und z. B. mit Strohhalm in kleinere Malaufgaben zerlegen.   4 Muster mithilfe von Feldern begründen.   → Arbeitsheft, Seite 50   → Verstehen und Trainieren 3, Seite 26

Multiplikationsaufgaben zerlegen

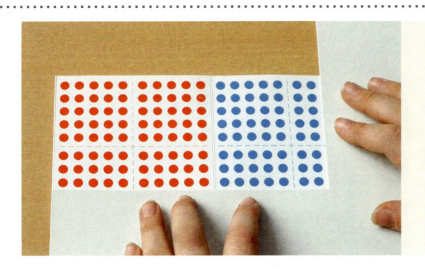

An den Feldern des Tausenderbuches lassen sich auch größere Malaufgaben legen und mithilfe des kleinen Einmaleins und des Malkreuzes berechnen.

8 · 17 = 136

·	10	7
8	80	56
		136

5 a)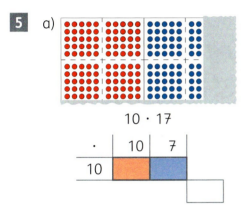
10 · 17

·	10	7
10		

b)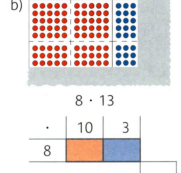
8 · 13

·	10	3
8		

c)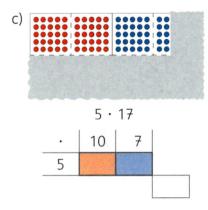
5 · 17

·	10	7
5		

6 a)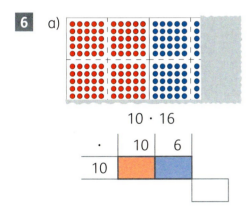
10 · 16

·	10	6
10		

b)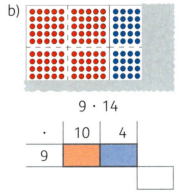
9 · 14

·	10	4
9		

c)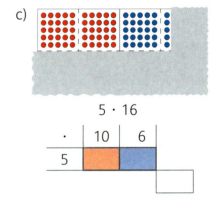
5 · 16

·	10	6
5		

7 Lege und berechne ebenso.

7 · 17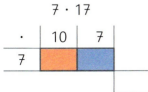

·	10	7
7		

7 · 13

·	10	3
7		

3 · 17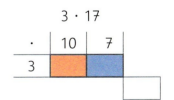

·	10	7
3		

8 Hier ist am Tausenderfeld die Malaufgabe 8 · 37 gelegt. Versuche sie zu berechnen.

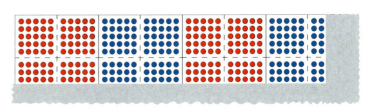

5–7 An den ersten beiden Feldern des Tausenderfeldes (Zweihunderterfeld) Malaufgaben des großen Einmaleins legen, zerlegen und mithilfe des Malkreuzes berechnen. 8 Größere Malaufgabe mit derselben Methode am Tausenderfeld erschließen. → Arbeitsheft, Seite 51 → Verstehen und Trainieren 3, Seite 27

Vertiefung des Einmaleins

1 Wie rechnet ihr 9 · 12?

Tom:
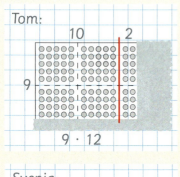
9 · 12

Simon:
12 + 12 + 12 + 12 + 12 + 12 + 12 + 12 + 12 =

Elias:
12 12 12 12 12 12 12 12
12 24 36 48 60 72 84 96

Svenja:
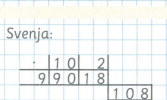

Maria:
2er-Reihe auf	2	4	6	8	10	12	14	16	18	20
10er-Reihe auf	10	20	30	40	50	60	70	80	90	100
12er-Reihe auf	12	24								

Erdal:
9 + 9 + 9 + 9 + 9 + 9 + 9 + 9 + 9 + 9 | + 9 + 9
                    90

Liana:
9 · 2 = 18
9 · 10 = 90

9 · 12 = 108

Wie rechnen die Kinder? Vergleicht mit eurer Lösung.

2 Vergleiche jeweils die kleine und die große Malaufgabe.

| 1 · 2 | 2 · 2 | 3 · 2 | 4 · 2 | 5 · 2 | 6 · 2 | 7 · 2 | 8 · 2 | 9 · 2 | 10 · 2 |
| 1 · 12 | 2 · 12 | 3 · 12 | 4 · 12 | 5 · 12 | 6 · 12 | 7 · 12 | 8 · 12 | 9 · 12 | 10 · 12 |

3 Berechne große Malaufgaben mithilfe von Malkreuzen.

a) 7 · 9   9 · 7
    7 · 19 9 · 17

b) 6 · 3   3 · 6
    6 · 13 3 · 16

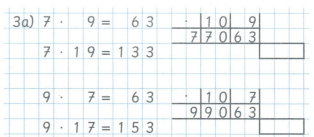

c) 5 · 4   4 · 5
    5 · 14 4 · 15

d) 4 · 2   2 · 4
    4 · 12 2 · 14

e) 3 · 5   5 · 3
    3 · 15 5 · 13

f) 9 · 6   6 · 9
    9 · 16 6 · 19

1 Zuerst 9 · 12 von jedem Kind selbst rechnen lassen. Verschiedene Rechenwege vorstellen lassen, besprechen und mit vorgegebenen Wegen vergleichen (Mathekonferenz). **2, 3** Malaufgaben am Malkreuz zerlegen und mithilfe des kleinen Einmaleins berechnen. **3** In Kleingruppen bearbeiten.
→ Arbeitsheft, Seite 52 → Probieren und Kombinieren 3, Seiten 22, 23

Mal 10, durch 10 – Mal 100, durch 100

1 Mal 10, durch 10.

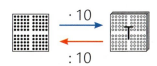

1 · 10 = 10   10 · 10 = 100   100 · 10 = 1000
10 : 10 = 1   100 : 10 = 10   1000 : 10 = 100

Erkläre:

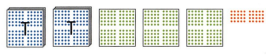

T	H	Z	E
	2	3	4

234 · 10 = 2340
2340 : 10 = 234

T	H	Z	E
2	3	4	0

2 a) 24 · 10   b) 25 · 10   c) 10 · 36
       48 · 10   35 · 10   10 · 63

   d) 240 : 10   e) 250 : 10   f) 360 : 10
      480 : 10   350 : 10   630 : 10

> **!** Beim Malnehmen mit 10 rücken alle Ziffern eine Stelle nach links.
> Beim Teilen durch 10 rücken alle Ziffern eine Stelle nach rechts.

3 Mal 100, durch 100.

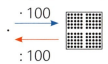

1 · 100 = 100   10 · 100 = 1000
100 : 100 = 1   1000 : 100 = 10

Warum rücken beim Malnehmen mit 100 alle Ziffern um zwei Stellen nach links und beim Teilen durch 100 um zwei Stellen nach rechts?

4 Vergleiche.   a) 2 · 100   b) 6 · 100   c) 8 · 100   d) 10 · 100
                      200 : 100   600 : 100   800 : 100   1000 : 100

⚡ **Blitzrechnen: Mal 10, durch 10**

Zahl bis 100 legen und nennen.   Aufgabe und Umkehraufgabe legen und rechnen.

■ **1–4** Rechenregeln für mal 10, durch 10 – mal 100, durch 100 am Material begründen. ⚡ Zur Grundlegung und zum weiteren regelmäßigen Üben Ziffernkarten und Seite 135 oder aufgeklappte Umschlagseite im Arbeitsheft benutzen. → Verstehen und Trainieren 3, Seiten 28, 29

Zehner-Einmaleins

4 · 7 Euro

4 · 70 Euro

7 € + 7 € + 7 € + 7 € = 28 €
Rechnen mit Einern

70 € + 70 € + 70 € + 70 € = 280 €
Rechnen mit Zehnern

1 Lege und rechne.

a) 5 · 3 €
5 · 30 €

b) 6 · 4 €
6 · 40 €

c) 7 · 5 €
7 · 50 €

d) 8 · 6 €
8 · 60 €

e) 9 · 7 €
9 · 70 €

f) 7 · 8 €
7 · 80 €

Zu jeder Aufgabe des kleinen Einmaleins gehört eine Aufgabe des Zehner-Einmaleins.
Das Zehner-Einmaleins besteht aus den Aufgaben der
10er-, 20er-, 30er-, 40er-, 50er-, 60er-, 70er-, 80er-, 90er- und 100er-Reihe.

2 Rechne zuerst die passende Aufgabe des kleinen Einmaleins.

a) 7 · 90

2a) 7 · 9 = 63
7 · 90 = 630

b) 9 · 70
c) 8 · 80
d) 4 · 20
e) 9 · 90
f) 6 · 80
g) 7 · 60
h) 8 · 70
i) 9 · 30

3 Finde Malaufgaben zu

a) 210, 420, 560, 540.

3a) 210 = 3 · 70
210 = 7 · 30

b) 120, 240, 360, 480.
c) 160, 320, 270, 630.
d) 140, 280, 350, 560.

4

a) Die Heuschrecke springt das 30-fache ihrer Körpergröße.
Springe wie die Heuschrecke: 30, 60, ... am Rechenstrich.

b) Bei welchen Sprüngen bleibt sie unter 200?   ■ · 30 < 200

c) Bei welchen Sprüngen kommt sie über 200?   ■ · 30 > 200

5 a) 1 Stunde hat 60 Minuten. Lege eine Tabelle an.

5a) Stunden	1	2	3	12
Minuten	60	120		

b) Wie viele Minuten hat ein Tag?

6 a) Ich denke mir eine Zahl. Ich nehme sie mit 60 mal, addiere 60 und erhalte 480.

b) Stellt euch selbst solche Rätsel.

Zehner-Einmaleins umgekehrt

28 € : 4 = 7 €
28 € : 7 € = 4
Rechnen mit Einern

280 € : 4 = 70 €
280 € : 70 € = 4
Rechnen mit Zehnern

1 Lege und rechne.

a) 15 € : 5
150 € : 5

b) 24 € : 4
240 € : 4

c) 35 € : 5 €
350 € : 50 €

d) 48 € : 6
480 € : 6

e) 63 € : 9 €
630 € : 90 €

Zu jeder Umkehraufgabe des kleinen Einmaleins gehören Umkehraufgaben des Zehner-Einmaleins.

2
a) 18 : 9
180 : 9
180 : 90

b) 15 : 3
150 : 3
150 : 30

c) 21 : 7
210 : 7
210 : 70

d) 35 : 7
350 : 7
350 : 70

e) 48 : 8
480 : 8
480 : 80

f) 50 : 10
500 : 10
500 : 100

3 Vergleiche die Aufgabenpaare. Was fällt dir auf?

a) 18 : 2
36 : 4

b) 14 : 2
28 : 4

c) 18 : 3
36 : 6

d) 20 : 2
20 : 4

e) 32 : 4
64 : 8

f) 28 : 7
56 : 7

180 : 20
360 : 40

140 : 20
280 : 40

180 : 30
360 : 60

200 : 20
200 : 40

320 : 40
640 : 80

280 : 70
560 : 70

4 Rechnen ohne auszurechnen.

a) 30 : 3 = 60 : .....
30 : 5 = 60 : .....
300 : 3 = 600 : .....
300 : 5 = ... : 10
300 : 60 = 150 : .....

b) 14 : 7 = ... : 70
12 : 4 = 120 : .....
490 : 70 = ... : 7
24 : 8 = 12 : .....
240 : 30 = 480 : .....

5 Paul hat eine Geteiltaufgabe gerechnet. Das Ergebnis ist 7. Er verdoppelt die erste und die zweite Zahl.
Wie lautet das neue Ergebnis?

Blitzrechnen: Zehner-Einmaleins auch umgekehrt

Aufgabe zeigen und nennen.

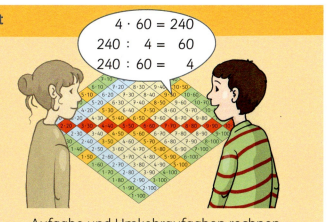

Aufgabe und Umkehraufgaben rechnen.

Divisionsaufgaben auch mit Rest

1 Wie rechnet ihr? Was passiert mit dem Rest?

224 Kinder einer Schule fahren ins Theater. In jeden Bus passen 60 Kinder. ?

Sarah
60, 120, 180, 240

Man braucht 4 Busse.
16 Plätze bleiben frei.

Niklas
18 : 6 = 3   24 : 6 = 4
180 : 60 = 3   240 : 60 = 4

3 Busse sind voll: 180 Kinder.
Im 4. Bus sitzen 44 Kinder.

Paula
   60   120   180
+ 60   +   60   +   60
 ────   ────   ────
  120   180   240

In 4 Busse passen 240 Kinder.

Malte
4 · 50 = 200
4 · 6 = 24

4 Busse reichen aus.
In jedem sitzen 56 Kinder.

Wie haben die Kinder überlegt? Vergleicht mit eurer Lösung.

2 Was passiert mit dem Rest?
a) 8 Kinder kaufen gemeinsam ein Geburtstagsgeschenk für 36 Euro. ?

b) Vater braucht 16,80 m Fußleisten. Eine Fußleiste im Baumarkt ist 2 m lang. ?

c) Am Flughafen ist Parken sehr teuer. Je angefangene 30 Minuten Parkzeit werden 2 Euro berechnet.
Frau Krämer parkt von 8.17 Uhr bis 9.53 Uhr. ?

d) Eine Malerin rechnet sich aus, dass sie für einen Anstrich etwa 46 bis 48 Liter Farbe benötigt.
Diese wird in 20-Liter-, und 10-Liter- und 5-Liter-Eimern angeboten. ?

3 Erklärt die Rechnungen.
a) 44 : 7
7, 14, 21, 28, 35, 42, 49, …
44 liegt zwischen 42 und 49
42 : 7 = 6
44 : 7 = 6 R 2

b) 440 : 70 und 448 : 70
70, 140, 210, 280, 350, 420, 490, …
440 und 448 liegen zwischen 420 und 490
420 : 70 = 6
440 : 70 = 6 R 20 und 448 : 70 = 6 R 28

Rechnet ebenso.
c) 59 : 7, 590 : 70, 594 : 70   d) 60 : 8, 600 : 80, 594 : 80   e) 50 : 6, 500 : 60, 512 : 60

4 Rechne und vergleiche.
a) 80 : 7   800 : 70   b) 36 : 9   360 : 90   c) 18 : 2   180 : 20   d) 36 : 7   361 : 70
   72 : 7   720 : 70   36 : 8   360 : 80   18 : 3   180 : 30   31 : 6   311 : 60
   64 : 7   640 : 70   36 : 7   360 : 70   18 : 4   180 : 40   26 : 5   261 : 50
   56 : 7   560 : 70   36 : 6   360 : 60   18 : 5   180 : 50   21 : 4   211 : 40
   48 : 7   480 : 70   36 : 5   360 : 50   18 : 6   180 : 60   16 : 3   161 : 30

1 Sachaufgabe zuerst selbst rechnen lassen. Dann Rechenwege vorstellen lassen, besprechen und mit vorgegebenen Lösungen vergleichen (Mathekonferenz). **2** Sachaufgaben lösen. Auftretende Reste sachgerecht interpretieren. **3, 4** Zehneranalogien bewusst machen und nutzen. → Arbeitsheft, Seite 54

Rechenvorteile bei der Multiplikation und der Division

1 Vergleiche immer Start und Ziel. Was fällt dir auf?

a) Mal 4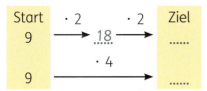

b) Durch 4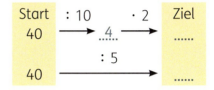

Starte auch mit 6, 8, 30 und 70.
Wie kannst du mit 4 malnehmen?

Starte auch mit 24, 48, 60 und 180.
Wie kannst du durch 4 teilen?

c) Mal 5

Start · 10 : 2 Ziel
7 → 70 → ......
· 5
7 → ......

d) Durch 5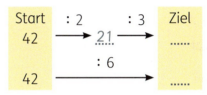

Starte auch mit 80, 100 und 200.
Wie kannst du mit 5 malnehmen?

Starte auch mit 60, 350, 400 und 250.
Wie kannst du durch 5 teilen?

e) Mal 6

Start · 3 · 2 Ziel
7 → 21 → ......
· 6
7 → ......

f) Durch 6

Start : 2 : 3 Ziel
42 → 21 → ......
: 6
42 → ......

Starte auch mit 4, 8, 20 und 30.
Wie kannst du mit 6 malnehmen?

Starte auch mit 24, 48, 120 und 180.
Wie kannst du durch 6 teilen?

2 Vergleiche. Welche Aufgabe ist leichter zu rechnen?

a) 9 · 5 und   90 : 2
   40 · 5 und 400 : 2
   30 · 5 und 300 : 2
    8 · 5 und   80 : 2
   50 · 5 und 500 : 2

b) 300 : 5 und 30 · 2
   150 : 5 und 15 · 2
   200 : 5 und 20 · 2
   450 : 5 und 45 · 2
   500 : 5 und 50 · 2

c) 44 : 4 und   22 : 2
   120 : 4 und   60 : 2
   140 : 4 und   70 : 2
   360 : 4 und 180 : 2
    64 : 4 und   32 : 2

3 Für welche Zahlen der Hundertertafel gilt:

a) Sie sind Vielfache der Zahl 5.

b) Sie haben durch 5 geteilt den Rest 1.

c) Sie haben durch 5 geteilt den Rest 3.

d) Sie sind Vielfache der Zahl 9.

e) Sie sind Vielfache der Zahl 11.

f) Sie sind Vielfache der Zahl 4.

Welche Muster bilden sie jeweils?

1	2	3	4	5	6	7	8	9	10
11	12	13	14	15	16	17	18	19	20
21	22	23	24	25	26	27	28	29	30
31	32	33	34	35	36	37	38	39	40
41	42	43	44	45	46	47	48	49	50
51	52	53	54	55	56	57	58	59	60
61	62	63	64	65	66	67	68	69	70
71	72	73	74	75	76	77	78	79	80
81	82	83	84	85	86	87	88	89	90
91	92	93	94	95	96	97	98	99	100

■ 1–3 Vertiefung der Beziehung zwischen Multiplikations- und Divisionsaufgaben beim Einmaleins und Zehnereinmaleins. Begriff Vielfache von Seite 17 wiederholen.

Rechenschritte überlegen

1 Wie rechnet ihr?

Die Klasse 3b fährt mit 24 Kindern ins Museum.
Wie viel Euro müssen sie für Hin- und Rückfahrt bezahlen?

Ticketangebot der Verkehrsbetriebe

Einzelticket .... 2 €
gültig für eine Fahrt

Viererticket .... 7 €
gültig für vier Fahrten

Tagesticket .... 15 €
gültig für fünf Personen und beliebig
viele Fahrten an einem Tag

Alexander
Wie viel Euro kosten Einzeltickets?

Hinfahrt: 24 · 2 € = 48 €
Rückfahrt: 48 €
zusammen:

48 Einzeltickets kosten:
Jedes Kind bezahlt:

Aylin
Wie viel muss jedes Kind bei
Viererickets bezahlen?

1 Viererticket reicht für 2 Kinder
für Hin- und Rückfahrt.

7 € : 2 =
Jedes Kind bezahlt:

Johanna
Was kosten die Tagestickets?

1 Tagesticket reicht für 5 Personen.
5 Tagestickets reichen für
25 Personen. (24 Kinder und die
Lehrerin).

Sie kosten: 5 · 15 € =

Lukas
Wie viele Viererickets brauchen
die Kinder? Was kosten sie?

6 Viererickets für die Hinfahrt
6 Viererickets für die Rückfahrt

12 · 7 € =
12 Viererickets kosten:
Sie reichen für 24 Kinder.

Wie haben die Kinder überlegt? Vergleicht mit eurer Lösung.
Welches Angebot ist am günstigsten? Wie viel Euro bezahlt jedes Kind?

2 Wie viel Euro müsste die Klasse bezahlen,

a) wenn es 26 Kinder wären?   b) wenn es 27 Kinder wären?   c) Und eure Klasse?

3 Wie teuer sind bei euch Einzelfahrscheine, Mehrfahrtenkarten und Tagestickets? Erkundigt euch.

1 Modellierung einer Sachsituation (Mathekonferenz). Rechnungen interpretieren.   **2, 3** Aufgaben auf eigenen Wegen lösen.

Skizzen zeichnen

1 Zeichnet eine Skizze und rechnet dann.

Ein Hobbyraum soll mit Korkplatten ausgelegt werden.
Der Raum ist 3 m 25 cm breit und 4 m 50 cm lang.
Eine Korkplatte ist 50 cm breit und 50 cm lang.
Wie viele Korkplatten braucht man?

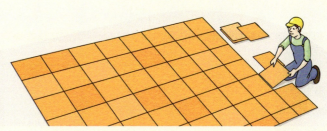

Pauline
Überlegung:

1	16	17	25	33	41	½
2	15	18	26	34	42	58
3	14	19	27	35	43	
4	13	20	28	36	44	57
5	12	21	29	37	45	
6	11	22	30	38	46	56
7	10	23	31	39	47	
8	9	24	32	40	48	55
54	53	52	51	50	49	

Antwort:
Man braucht $58\frac{1}{2}$ Platten.

Adrian

54 und 9 halbe

54 + 4 + 1 halbe

Man braucht 59 Korkplatten.

Marie
Überlegung:

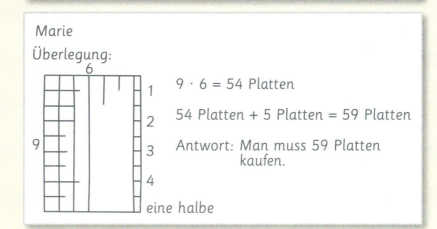

9 · 6 = 54 Platten

54 Platten + 5 Platten = 59 Platten

Antwort: Man muss 59 Platten kaufen.

Wie haben die Kinder überlegt?
Vergleicht mit euren Lösungen.

2 Ein Zimmer ist 3 m 50 cm breit und 5 m lang. Es soll mit Teppichfliesen ausgelegt werden. Eine Fliese ist 50 cm breit und 50 cm lang. ?

3 Ein Flur soll mit Korkplatten ausgelegt werden. Der Flur ist 5 m lang und 1 m 75 cm breit. Eine Platte ist 50 cm lang und 50 cm breit. ?

4 Eine Keramikfliese ist 20 cm breit und 20 cm lang.
a) Wie viele Fliesen braucht man für ein Meterquadrat?
b) In einem Paket sind 30 Fliesen.
Vater möchte eine Fläche von 3 Meterquadraten mit Fliesen auslegen. ?

■ **1** Zuerst selbst lösen lassen, dann vorgegebene Lösungen nachvollziehen (Mathekonferenz), eventuell Maße variieren.   **2–4** Textaufgaben auf eigene Weise lösen (Skizzen anfertigen).

Tabellen

1 Eine Tageskarte für das Schwimmbad kostet 3,50 Euro.
Die Fünferkarte kostet 14,00 Euro. Vergleiche.

2

	Kinder	Erwachsene
Tageskarte	4,50 €	9,00 €
Dauerkarte		
3 Monate	90,00 €	180,00 €
6 Monate	155,00 €	310,00 €
12 Monate	195,00 €	390,00 €
Gruppen p. P.	3,00 €	7,00 €

a) Vater geht mit seiner Tochter einmal pro Woche zum Klettern in die Halle. Er überlegt Dauerkarten zu kaufen. Welche Vorteile und welche Nachteile haben Dauerkarten?

b) Wie viel würde der Eintritt für eure Klasse kosten?

3 Herr Hübscher ist Fan von Borussia Dortmund.
Er kauft für 181 Euro eine Dauerkarte für die Südtribüne.
Damit kann er 17 Heimspiele im Stadion besuchen.
Die Einzelkarte für denselben Platz würde rund 15 Euro kosten. ?

4 Im 4-Kampf bei einem Sportfest erreichten die Kinder folgende Punktzahlen:

Name (Alter)	50-m-Lauf	Weitsprung	Schlagball, 80 g	800-m-Lauf
Nemone (9)	241	274	181	254
Amelie (11)	166	188	173	107
Anna (10)	258	308	253	249
Max (9)	243	315	290	282
Noah (10)	210	282	235	242
Finn (11)	131	153	204	179

Für so viele Punkte gibt es eine Urkunde:

Mädchen

Alter	Siegerurkunde	Ehrenurkunde
9 Jahre	> 550	> 725
10 Jahre	> 625	> 825
11 Jahre	> 700	> 900

Jungen

Alter	Siegerurkunde	Ehrenurkunde
9 Jahre	> 525	> 675
10 Jahre	> 600	> 775
11 Jahre	> 675	> 875

Bei jedem Kind wird die schlechteste Leistung gestrichen.
Die restlichen Punktzahlen werden zusammengerechnet.
Berechne so für jedes Kind die Summe der Punkte.

Wer erhält eine Urkunde?

4) Nemone:
```
    2 4 1
  + 2 7 4
  + 2 5 4
```

1–4 Komplexere Sachaufgaben mit Tabellen.

Tabellen und Skizzen

1 Drei Freunde unternehmen eine Radtour. Die gesamte Strecke ist 270 km lang. Am ersten Tag fahren sie 65 km, am zweiten Tag 58 km, am dritten Tag 47 km und am vierten Tag 52 km.
Wie viele km müssen sie am letzten Tag noch fahren?

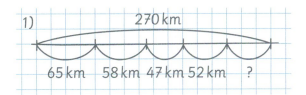

2 Geschwindigkeiten. Lege Tabellen an.

4 km pro Stunde   100 km pro Stunde   15 km pro Stunde

150 km pro Stunde

3 Jana fährt mit dem Rad 40 km in 2 Stunden. Iris benötigt für 50 km 2 Stunden und eine halbe Stunde. Wer fährt schneller?

3)	Jana	
	40 km	2 h
	20 km	
	10 km	
	50 km	

4 Ein Zug benötigt für eine Teilstrecke von 90 km 30 Minuten. Wie viele Kilometer legt er in 15 min, 5 min, 1 min, 10 min, 45 min und 60 min zurück?

4)	Zug	
	30 min	90 km
	15 min	

5 Von Stuttgart bis Hannover sind es etwa 500 km mit dem Auto.
a) Herr Zöller rechnet pro 100 km 1 Stunde. Er plant eine Pause von 30 Minuten ein. Wie lange wird er für die Fahrt brauchen?
b) Zwei Staus hielten ihn 1 Stunde und 30 Minuten auf. Wie lange hat er für die Fahrt gebraucht?

6 Alsdorf und Bebach liegen 14 km voneinander entfernt. Florian startet um 10 Uhr in Alsdorf und legt in einer Stunde 4 km zurück. Felix startet um 10 Uhr in Bebach und legt in einer Stunde 3 km zurück. Wo und wann begegnen sich Florian und Felix?

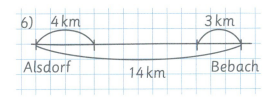

1–6 Komplexere Sachaufgaben mit Entfernungen und Geschwindigkeiten. Skizzen und Tabellen als Hilfsmittel nutzen und besprechen.

Tausendundeine Aufgabe

١ steht für 1, ٢ steht für 2, ٣ steht für 3, ٤ steht für 4 …

Der Mandarinengarten

Hassan kam in einen Garten mit Mandarinenbäumen und drei bewachten Toren. Er half dem Gärtner beim Pflücken. Zum Dank schenkte ihm dieser einen Korb voller duftender Mandarinen. Als Hassan herausgehen wollte, musste er den Wächtern von diesen Mandarinen abgeben. Dem ersten Wächter gab er die Hälfte der geschenkten Mandarinen und eine mehr, dem zweiten Wächter die Hälfte der übrig gebliebenen Mandarinen und eine mehr. Als er auch dem dritten Wächter wieder die Hälfte und eine mehr gegeben hatte, besaß Hassan nur noch eine Mandarine.

Weißt du, wie viele Mandarinen ihm der Gärtner geschenkt hatte?

Rechnungen rund um die Zahl 1001. Textaufgabe zum Probieren und Diskutieren.
→ Arbeitsheft, Seite 55

Tausendundeine Aufgabe

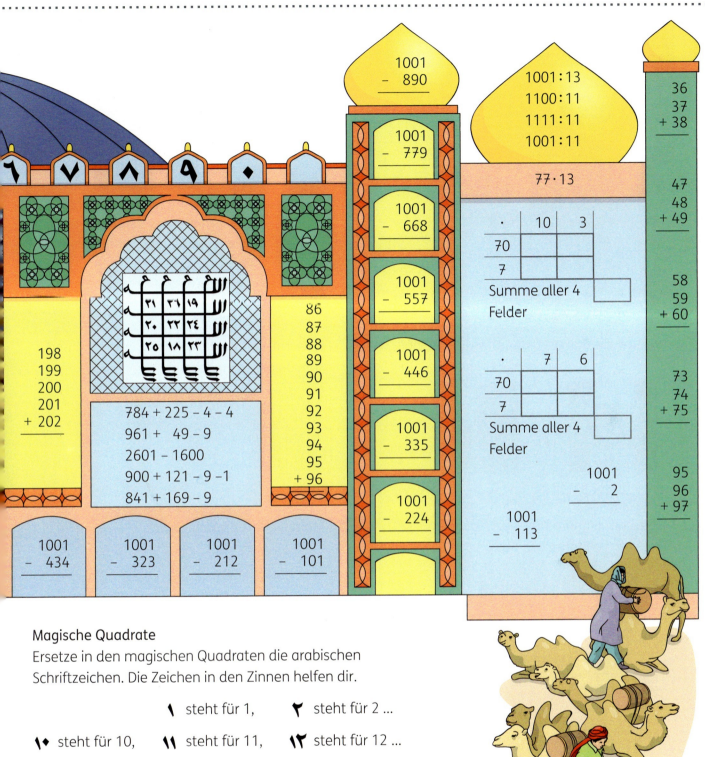

Magische Quadrate
Ersetze in den magischen Quadraten die arabischen Schriftzeichen. Die Zeichen in den Zinnen helfen dir.

١ steht für 1,   ٢ steht für 2 ...

١٠ steht für 10,   ١١ steht für 11,   ١٢ steht für 12 ...

Berechne die magischen Summen.

Die 21 Fässer
Ein Seefahrer brachte von seiner Reise 21 gleich große Fässer mit. 7 davon waren voll mit köstlichem Honig, 7 waren noch halbvoll und 7 waren aber leer.
Nun wollte er jedem seiner 3 Freunde gleich viele Fässer und gleich viel Honig schenken.
Weißt du, wie er dies tun kann, ohne den Honig umzufüllen?

Magische Quadrate

1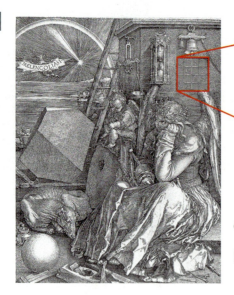

16	3	2	13
5	10	11	8
9	6	7	12
4	15	14	1

(34)

a) Berechne die Summen.

b) Wo stehen gerade, wo ungerade Zahlen?

Der bekannte Maler Albrecht Dürer malte das berühmte Bild „Melencolia" mit dem magischen Quadrat. Er lebte von 1471 bis 1528 in Nürnberg.

2 Berechne die Summen der roten, der gelben, der blauen und der grünen Felder.

a)
16	3	2	13
5	10	11	8
9	6	7	12
4	15	14	1

b)
16	3	2	13
5	10	11	8
9	6	7	12
4	15	14	1

3 Färbe immer 4 Felder mit der Summe 34 und schreibe die Aufgaben auf.

16	3	2	13
5	10	11	8
9	6	7	12
4	15	14	1

4 Vergleiche mit dem Dürerquadrat. Berechne die magischen Summen.

a)
17	4	3	14
6	11	12	9
10	7	8	13
5	16	15	2

b)
15	2	1	12
4	9	10	7
8	5	6	11
3	14	13	0

c)
20	7	6	17
9	14	15	12
13	10	11	16
8	19	18	5

d)
26	13	12	23
15	20	21	18
19	16	17	22
14	25	24	11

5 Magisch oder nicht magisch?

a)
40	14	12	34
18	28	30	24
26	20	22	32
16	38	36	10

b)
40	30	20	10
12	34	32	22
24	14	36	26
28	18	16	38

c)
16	2	8	10
1	7	9	15
6	12	14	4
11	13	3	5

d)
32	6	4	26
10	20	22	16
18	12	14	24
8	30	28	2

6 Bilde aus vier Teilen jeweils ein magisches Quadrat.

a)
3	4		12	11		0	7		15	8
14	9		1	6		13	10		2	5

b)
13	2		4	15		7	12		10	5
3	16		14	1		9	6		8	11

7 Magisch oder nicht magisch?

a)
17	24	1	8	15
23	5	7	14	16
4	6	13	20	22
10	12	19	21	3
11	18	25	2	9

b)
6	32	3	34	35	1
7	11	27	28	8	30
19	14	16	15	23	14
18	20	22	21	17	13
25	29	10	9	26	12
36	5	33	4	2	31

Die Vierersummen jeweils geschickt berechnen. **1–3** KV verwenden. **6** Vier Teilquadrate aufzeichnen, ausschneiden und magisches Quadrat zusammensetzen. **7** Prüfen, ob ein magisches Quadrat vorliegt.
→ Arbeitsheft, Seiten 56, 57 → Probieren und Kombinieren 3, Seiten 24–27

Gleichungen und Ungleichungen

1

2 Wie heißt meine Zahl?

a) „Wenn ich von meiner Zahl 111 abziehe, erhalte ich 239."

b) „Wenn ich bei meiner Zahl die Einerziffer und die Zehnerziffer vertausche, erhalte ich 357."

c) „Wenn ich meine Zahl mit 10 malnehme, erhalte ich 750."

d) „Wenn ich zu meiner Zahl das Doppelte von meiner Zahl dazurechne, erhalte ich 999."

e) „Wenn ich meine Zahl verdopple, erhalte ich die Hälfte von 1000."

f) „Wenn ich von meiner Zahl die Hälfte abziehe, erhalte ich die Hälfte meiner Zahl."

g) Erfinde selbst solche Rätsel.

3 a) Welche Rechenkette passt zu welchem Rätsel?

A ☐ —−12→ ☐ —·6→ 72

B ☐ —·6→ ☐ —+12→ 72

> Wenn ich meine Zahl mit 6 malnehme und dann 12 dazu rechne, erhalte ich 72.

> Wenn ich von meiner Zahl 12 abziehe und dann mit 6 malnehme, erhalte ich 72.

b) Erfinde selbst Rätsel für deinen Partner.

4 Welche Zahlen passen?

a) ▩ · 60 < 400

4a) 0 · 60 < 400
    1 · 60 < 400

b) ▩ · 80 < 500

c) ▩ · 100 < 260

d) ▩ · 90 < 300

e) ▩ · 70 < 500

---

1 Zahleigenschaften und -beziehungen wiederholen. **2** Zahlenrätsel mithilfe von Umkehroperationen lösen. **3** Rechenketten Zahlenrätseln passend zuordnen, mithilfe von Umkehroperationen lösen und überprüfen. **4** Ungleichungen durch systematisches Probieren mit Ziffernkarten lösen. → Probieren und Kombinieren 3, Seiten 31, 32

117

Zahlenmuster

Zahlenmauern

1 a) Erhöhe den mittleren Grundstein um 1, 5, 10 und 100 und berechne die neuen Mauern.

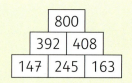

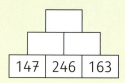 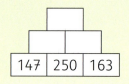 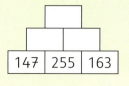 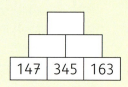

b) Addiere in jeder der fünf Mauern die drei Grundsteine und dazu den mittleren Grundstein. Was fällt dir auf? Begründe.

2 Bilde selbst Zahlenmauern und verändere sie wie in **1** b).
Vergleiche die Ergebnisse. Beschreibe und begründe, was dir auffällt.

3 Überlege nun, wie du in den Zahlenmauern den mittleren Grundstein berechnen kannst ohne zu probieren.

a) 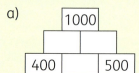   b) 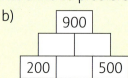   c) 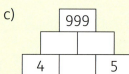   d)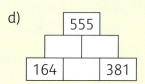

Rechendreiecke

4 a) Berechne die Summe jeder äußeren Zahl und der ihr gegenüberliegenden inneren Zahl.

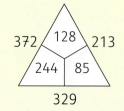

b) Berechne danach die Summe der drei inneren Zahlen und vergleiche mit a).
Was fällt dir auf? Begründe.

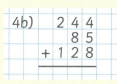

c) Berechne zum Schluss die Summe der drei äußeren Zahlen und halbiere diese Summe.
Was fällt dir auf? Begründe.

5 Bilde selbst ein Rechendreieck und rechne wie in **4**. Begründe, was dir auffällt.

6 a) Berechne die Summe der drei äußeren Zahlen.
Berechne daraus die Summe der drei inneren Zahlen.

b) Überlege, wie du jetzt die inneren Zahlen berechnen kannst ohne zu probieren.

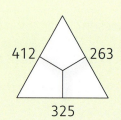

Üben und Vertiefen von Addition und Subtraktion. Entdecken und Begründen von Zahlenmustern.

Plus und minus – mal und geteilt

1
a) 20 + 5	b) 45 − 9	c) 150 · 3	d) 90 : 6	e) 160 − 4	f) 98 : 7
20 − 5	45 + 9	150 : 3	90 + 6	160 · 4	98 + 7
20 · 5	45 : 9	150 − 3	90 − 6	160 + 4	98 − 7
20 : 5	45 · 9	150 + 3	90 · 6	160 : 4	98 · 7

2 Welche Rechenzeichen passen? Setze ⊕, ⊖, ⊙ oder ⊙ ein.

a) 12 ● 6 = 18	b) 80 ● 8 = 10	c) 120 ● 4 = 124	d) 200 ● 5 = 1000	e) 140 ● 7 = 20
12 ● 6 = 2	80 ● 8 = 640	120 ● 4 = 30	200 ● 5 = 195	140 ● 7 = 133
12 ● 6 = 72	80 ● 8 = 88	120 ● 4 = 480	200 ● 5 = 40	140 ● 7 = 980
12 ● 6 = 6	80 ● 8 = 72	120 ● 4 = 116	200 ● 5 = 205	140 ● 7 = 147

3 Finde die passenden Rechenzeichen.

a) 72 ● 8 = 4 ● 5
54 ● 6 = 10 ● 1
11 ● 8 = 80 ● 8
50 ● 5 = 60 ● 6
50 ● 2 = 5 ● 5

3a) 7 2 : 8 = 4 + 5

b) 70 ● 5 = 25 ● 3
100 ● 1 = 500 ● 5
120 ● 4 = 450 ● 30
100 ● 4 = 360 ● 40
8 ● 8 = 49 ● 15

c) 80 ● 20 = 10 ● 6
60 ● 10 = 2 ● 3
30 ● 40 = 10 ● 7
50 ● 40 = 9 ● 10
50 ● 5 = 5 ● 2

d) 50 ● 6 = 7 ● 8
50 ● 5 = 5 ● 9
50 ● 1 = 7 ● 7
50 ● 2 = 6 ● 8

e) 9 ● 9 = 100 ● 19
500 ● 2 = 100 ● 10
11 ● 10 = 100 ● 10
17 ● 10 = 100 ● 70

f) 5 ● 100 = 750 ● 250
10 ● 50 = 450 ● 50
2 ● 250 = 1000 ● 2
6 ● 125 = 1000 ● 250

4 Setze die Zahlenfolgen fort. Welche Zahlenfolge gehört zu welcher Regel?

a) 40, 80, 120, …, 400   Regel 1: Immer 100 weniger.

b) 1000, 900, 800, …, 0   Regel 2: Viererreihe abwechselnd rückwärts und vorwärts.

c) 40, 4, 36, 8, …, 4, 40   Regel 3: Immer das Doppelte.

d) 60, 63, 66, …, 99   Regel 4: Immer 40 mehr.

e) 5, 10, 20, 40, …, 2560   Regel 5: Immer 3 mehr.

5 Setze die Zahlenfolgen fort. Finde die Regel.

a) 30, 35, 40, …, 100
b) 200, 180, 160, …, 0
c) 1, 2, 4, 8, …, 128
d) 15, 19, 23, …, 51
e) 50, 100, 150, …, 500
f) 30, 3, 27, 6, …, 3, 30
g) 43, 37, 31, …, 1
h) 80, 8, 72, 16, …, 8, 80
i) 768, 384, 192, …, 3

6 Denke dir selbst Regeln aus. Beginne die Zahlenfolgen und lasse sie von deiner Nachbarin oder deinem Nachbarn fortsetzen.

▪ **1–3** Übungen mit allen Rechenzeichen.   **4–6** Zu Folgen Regeln finden und entsprechend fortsetzen.
→ Arbeitsheft, Seite 58   → Probieren und Kombinieren 3, Seiten 28–30

Neunerprobe bei Additionsaufgaben

1 a) Lege die Plusaufgabe 154 + 469 mit Plättchen an der Stellentafel und löse sie. Vergleiche mit der schriftlichen Rechnung.

```
  154    Quersumme: 1 + 5 + 4 = 10
+ 469    Quersumme: 4 + 6 + 9 = 19
  1 1
  623    Quersumme: 6 + 2 + 3 = 11
```

T	H	Z	E	
	.	.....	....	10 Plättchen ⎫ zusammen
	....	...	.....	19 Plättchen ⎭ 29 Plättchen
		(....)	(....)	Plättchen zusammenschieben und bündeln
Summe	.....	..	...	11 Plättchen, 18 weniger als 29

b) Erkläre, warum es bei jedem Übertrag 9 Plättchen weniger werden.

2 a) Lege ebenso die Plusaufgabe 475 + 216 mit Plättchen an der Stellentafel nach und vergleiche mit der schriftlichen Lösung.

```
  475    Quersumme: 4 + 7 + 5 = 16
+ 216    Quersumme: 2 + 1 + 6 =  9
    1
  691    Quersumme: 6 + 9 + 1 = 16
```

T	H	Z	E	
	....	.....	.....	16 Plättchen ⎫ zusammen
	..	.	.....	9 Plättchen ⎭ 25 Plättchen
	....	...	(....)	Plättchen zusammenschieben und bündeln
Summe	.....	....	.	16 Plättchen, 9 weniger als 25

b) Erkläre an der Stellentafel, warum die Quersumme des Ergebnisses um 9 kleiner ist als die Quersumme der beiden Zahlen in der Aufgabe zusammen.

3 Rechne die Aufgabe 425 + 271 an der Stellentafel. Warum benötigt man für das Ergebnis genau so viele Plättchen wie für die beiden Zahlen zusammen?

4 Rechne schriftlich und lege an der Stellentafel. Schreibe die Quersumme der Zahlen und die Quersumme des Ergebnisses auf und vergleiche. Markiere die Überträge rot.

a)
```
  567
+ 231
```

4a)	5 6 7	QS: 5 + 6 + 7 = 1 8	
	+ 2 3 1	QS: 2 + 3 + 1 = 6	
	7 9 8	QS: 7 + 9 + 8 = 2 4	kein Übertrag

b)
```
  567
+ 235
```

4b)	5 6 7	QS: 5 + 6 + 7 = 1 8	
	+ 2 3 5	QS: 2 + 3 + 5 = 1 0	
	1 1		
	8 0 2	QS: 8 + 0 + 2 = 1 0	2 Überträge

c) 567 + 233   d) 567 + 243   e) 567 + 248   f) 567 + 213   g) 567 + 235   h) 213 + 678   i) 123 + 876   j) 123 + 678

Neunerprobe bei Additionsaufgaben

5 Neunerprobe

Mithilfe der Quersumme kann man die Ergebnisse von Plusaufgaben prüfen.

```
  478    QS: 4 + 7 + 8 = 19
+ 243    QS: 2 + 4 + 3 =  9      19 + 9 = 28
 ¹¹
  721    QS: 7 + 2 + 1 = (10)    2 Überträge
                                 2 · 9 = 18
                                 28 − 18 = (10)
```

```
  564    QS: 5 + 6 + 4 = 15
+ 153    QS: 1 + 5 + 3 =  9      15 + 9 = 24
 ¹
  727    QS: 7 + 2 + 7 = (16)    1 Übertrag
                                 1 · 9 = 9
                                 24 − 9 = (15)
```

Eingekreiste Zahlen sind gleich.   Eingekreiste Zahlen sind verschieden.
Ergebnis kann stimmen.   Ergebnis muss falsch sein.

Können die Ergebnisse stimmen?

a) 891   QS 18   b) 251   QS 8   c) 734   QS 14   d) 407   QS 11
   +475   QS 16   +965   QS 20   +805   QS 13   +195   QS 15
   ─────   ─────   ─────   ─────
   1366   QS 16   1116   QS 9   1539   QS 18   592   QS 16

6 Überprüfe die Rechnungen mit der Neunerprobe.

a) 156   b) 235   c) 184   d) 217
   +447   +149   +229   +685
   ────   ────   ────   ────
    593   384   413   802

7 Überprüfe mit der Neunerprobe.

a) 432   b) 145   c) 365
   +198   +391   +584
   +283   +476   +678
   ────   ────   ────
    913   912   1527

8 In Aufgabe 8 auf Seite 85 wurden mit den Ziffern 2, 3, 4, 5, 6 und 7 zwei dreistellige Zahlen gebildet und addiert.
Wie viele Plättchen wurden benötigt, um jede dieser Aufgaben zu legen?
Warum sind als Ergebnisse immer nur Zahlen mit der Quersumme 9, 18 und 27 möglich?
Wie viele Überträge hast du bei der Quersumme 27, 18 und 9?

Sofia Kowalewskaja
15.01.1850 – 10.2.1891

Sofia Kowalewskaja wurde im Jahre 1850 in Moskau geboren. Ihre Eltern und Lehrer erkannten früh Sofias mathematische Begabung. Da sie als Mädchen in Russland nicht auf die Universität gehen durfte, wanderte sie mit 20 Jahren nach Deutschland aus.
Aber auch dort gab es für Frauen viele Hindernisse. Sofia ließ sich nicht entmutigen, sondern kämpfte weiter für die Gleichberechtigung.
Im Jahre 1884 wurde sie in Schweden als erste Frau der Welt Professorin für Mathematik.

9 a) Wie alt wurde Sofia Kowalewskaja?

b) Wie alt war sie, als sie Professorin wurde?

c) In welchem Jahr wanderte sie von Russland nach Deutschland aus?

■ 5–8 Neunerprobe der Addition praktisch anwenden. 9 Text zu Sofia Kowalewskaja lesen und Aufgaben lösen.

Brüche

1

eine ganze Pizza   eine halbe Pizza   eine viertel Pizza

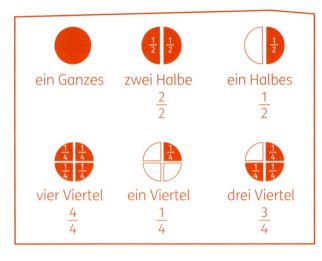

a) Eine Pizza soll an 2 Kinder verteilt werden.

b) Zwei Pizzas sollen an 4 Kinder verteilt werden.

c) Drei Pizzas sollen an 4 Kinder verteilt werden.

2 Berechne.

a) 1 m = 100 cm
$\frac{1}{2}$ m = ...
$\frac{1}{4}$ m = ...
$\frac{3}{4}$ m = ...

b) 1 km = 1000 m
$\frac{1}{2}$ km = ...
$\frac{1}{4}$ km = ...
$\frac{3}{4}$ km = ...

c) 1 kg = 1000 g
$\frac{1}{2}$ kg = ...
$\frac{1}{4}$ kg = ...
$\frac{3}{4}$ kg = ...

d) 1 t = 1000 kg
$\frac{1}{2}$ t = ...
$\frac{1}{4}$ t = ...
$\frac{3}{4}$ t = ...

3
a) 1 h = 60 min
$\frac{1}{2}$ h = ...
$\frac{1}{4}$ h = ...
$\frac{3}{4}$ h = ...

b) 1 min = 60 s
$\frac{1}{2}$ min = ...
$\frac{1}{4}$ min = ...
$\frac{3}{4}$ min = ...

c) 1 Jahr = 12 Monate
$\frac{1}{2}$ Jahr = ...
$\frac{1}{4}$ Jahr = ...
$\frac{3}{4}$ Jahr = ...

d) 1 Jahr = 52 Wochen
$\frac{1}{2}$ Jahr = ...
$\frac{1}{4}$ Jahr = ...
$\frac{3}{4}$ Jahr = ...

4 Berechne die Abfahrtszeiten.

a) Die Busse der Linie 736 fahren zwischen 5.05 Uhr und 6.35 Uhr alle 10 min.

b) Die Busse der Linie 768 fahren zwischen 10.08 Uhr und 12.38 Uhr jede halbe Stunde.

c) Die S-Bahnen der Linie S6 fahren zwischen 14.12 Uhr und 15.27 Uhr jede Viertelstunde.

5 Wie viele Stunden sind es?

a) Eine Schulstunde dauert 45 Minuten.

b) Die Tagesschau dauert 15 Minuten.

c) Ein Fußballspiel dauert 90 Minuten.

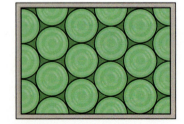

6 Der Glaser kann runde Butzenscheiben halbieren und vierteln. Wie viele ganze Butzenscheiben braucht er für das Fenster?

7 Bilde von den 100 Punkten des Hunderterfeldes
a) ein Viertel,   b) drei Viertel,   c) ein Fünftel,   d) ein Zehntel.

Zeige die Punkte am Hunderterfeld von Seite 134.

Knotenschule

1 Mastwurf

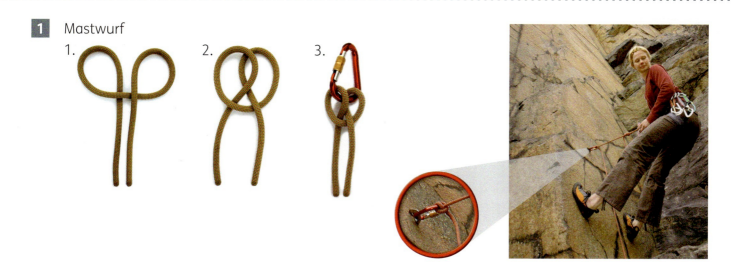

Mit dem Mastwurf lässt sich ein Seil an einem Pfahl oder Ring lose befestigen.
Beim Ziehen wird der Knoten fest.

2 Maurerknoten

Der Maurerknoten beginnt wie ein Mastwurf.
Am Ende wird das Seil noch einmal durchgefädelt.
Mit dem Maurerknoten lässt sich ein Sack zuknoten.

3 Palstek

Mit dem Palstek kann man ein dickes Seil an einem Pfahl festmachen.

■ Fortsetzung der Knotenschule mit Mastwurf, Maurerknoten und Palstek. Verwendung der Knoten (z. B. beim Klettern, im täglichen Leben und in der Schifffahrt) besprechen.

Stunde – Minute – Sekunde

9.14 07 oder 21.14 07

9 Uhr, 14 Minuten, 7 Sekunden

Der Gewichtheber muss die Hantel 2 Sekunden ruhig oben halten, sonst ist der Versuch ungültig.

1 a) Beobachte an Uhren die Anzeige der Sekunden und die Anzeige der Minuten.

b) Zähle eine Minute lang die Sekunden laut mit.

c) Wie oft schlägt dein Puls in 1 Minute?

! 1 h = 60 min
1 min = 60 s

2 Wie viele Sekunden haben 1, 2, 3, 4, ..., 10 Minuten?

3 Baut aus einem Gewicht und einer Schnur ein Pendel, das genau in 1 Sekunde hin und in 1 Sekunde her schwingt.

Wie lang ist die Pendelschnur?

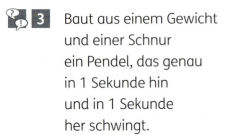

4 Wie viele Minuten?

a) 1 h 10 min   b) 1 h 40 min
c) 3 h 20 min   d) 1 h 12 min
e) 2 h 5 min   f) 1 h 2 min
g) 2 h 30 min   h) 1 h 45 min

5 Wie viele Minuten fehlen zur vollen Stunde?

a) 7.15 Uhr
b) 12.20 Uhr
c) 5.05 Uhr
d) 8.45 Uhr

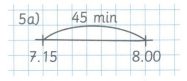

6 Der Schall braucht für 333 m etwa 1 s.
Daher hört man den Donner nach dem Blitz um so später, je weiter das Gewitter entfernt ist.
Es blitzt. Eva zählt: „21, 22, 23, 24, 25." Dann donnert es.
Wie weit ist das Gewitter entfernt? Überschlage.

1–3 Im Größenbereich „Zeit" die Sekunde als Unterteilung der Minute kennenlernen. Sekundenpendel selbst herstellen.   4, 5 Aufgaben mit der Zeit.   6 Transfer auf Lebenswelt.

Tageslängen

> **!** 1 Tag hat 24 Stunden.   1 Stunde hat 60 Minuten.   1 h = 60 min

1 Wie lange ist es hell?

Datum	Sonnen-aufgang	Sonnen-untergang
21. Januar	8.25 Uhr	17.02 Uhr
21. Februar	7.34 Uhr	17.57 Uhr
21. März	6.33 Uhr	18.46 Uhr
21. April	6.24 Uhr	20.38 Uhr
21. Mai	5.32 Uhr	21.25 Uhr
21. Juni	5.15 Uhr	21.53 Uhr
21. Juli	5.40 Uhr	21.37 Uhr
21. August	6.27 Uhr	20.43 Uhr
21. September	7.16 Uhr	19.34 Uhr
21. Oktober	8.06 Uhr	18.27 Uhr
21. November	8.00 Uhr	16.36 Uhr
21. Dezember	8.35 Uhr	16.25 Uhr

Die Daten gelten für die Stadt Essen.

a) An welchem Datum geht die Sonne am frühesten auf? Wann am spätesten?

b) Berechne die Tageslängen. Gib diese Zeitspannen in h und min an.
Florina rechnet: 21. Januar

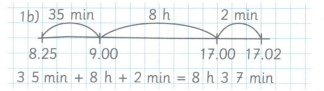

Julian rechnet: 21. Januar

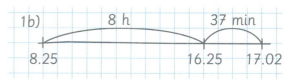

c) Wann ist es am längsten hell?

2 Einige Vögel beginnen im Frühling schon vor Sonnenaufgang zu singen.
Um wie viel Uhr fangen die Vögel an, wenn um 6.00 Uhr die Sonne aufgeht?
Berechne jeweils den Zeitpunkt.

- Rotkehlchen: 80 min vor Sonnenaufgang
- Amsel: 75 min vor Sonnenaufgang
- Kohlmeise: 50 min vor Sonnenaufgang
- Singdrossel: 45 min vor Sonnenaufgang
- Star: 15 min nach Sonnenaufgang

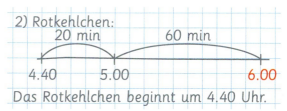

3 Verwandle in h und min.
70 min, 90 min, 75 min, 120 min, 100 min

3)   70 min = 1 h 10 min

Schultage und schulfreie Tage

Kalender 2017

Januar	Februar	März	April	Mai	Juni
Mo 2 9 16 23 30	Mo 6 13 20 27	Mo 6 13 20 27	Mo 3 10 17 24	Mo 1 8 15 22 29	Mo 5 12 19 26
Di 3 10 17 24 31	Di 7 14 21 28	Di 7 14 21 28	Di 4 11 18 25	Di 2 9 16 23 30	Di 6 13 20 27
Mi 4 11 18 25	Mi 1 8 15 22	Mi 1 8 15 22 29	Mi 5 12 19 26	Mi 3 10 17 24 31	Mi 7 14 21 28
Do 5 12 19 26	Do 2 9 16 23	Do 2 9 16 23 30	Do 6 13 20 27	Do 4 11 18 25	Do 1 8 15 22 29
Fr 6 13 20 27	Fr 3 10 17 24	Fr 3 10 17 24 31	Fr 7 14 21 28	Fr 5 12 19 26	Fr 2 9 16 23 30
Sa 7 14 21 28	Sa 4 11 18 25	Sa 4 11 18 25	Sa 1 8 15 22 29	Sa 6 13 20 27	Sa 3 10 17 24
So 1 8 15 22 29	So 5 12 19 26	So 5 12 19 26	So 2 9 16 23 30	So 7 14 21 28	So 4 11 18 25

Juli	August	September	Oktober	November	Dezember
Mo 3 10 17 24 31	Mo 7 14 21 28	Mo 4 11 18 25	Mo 2 9 16 23 30	Mo 6 13 20 27	Mo 4 11 18 25
Di 4 11 18 25	Di 1 8 15 22 29	Di 5 12 19 26	Di 3 10 17 24 31	Di 7 14 21 28	Di 5 12 19 26
Mi 5 12 19 26	Mi 2 9 16 23 30	Mi 6 13 20 27	Mi 4 11 18 25	Mi 1 8 15 22 29	Mi 6 13 20 27
Do 6 13 20 27	Do 3 10 17 24 31	Do 7 14 21 28	Do 5 12 19 26	Do 2 9 16 23 30	Do 7 14 21 28
Fr 7 14 21 28	Fr 4 11 18 25	Fr 1 8 15 22 29	Fr 6 13 20 27	Fr 3 10 17 24	Fr 1 8 15 22 29
Sa 1 8 15 22 29	Sa 5 12 19 26	Sa 2 9 16 23 30	Sa 7 14 21 28	Sa 4 11 18 25	Sa 2 9 16 23 30
So 2 9 16 23 30	So 6 13 20 27	So 3 10 17 24	So 1 8 15 22 29	So 5 12 19 26	So 3 10 17 24 31

1 Wann sind nach diesem Kalender Osterferien und wann Sommerferien?

2 An wie vielen Tagen im Jahr ist nach diesem Kalender Schule? Schätze zuerst.

Monat	Schultage	freie Tage	Tage insgesamt
Januar	5 + 5 + 5 + 2 = 17	8 + 2 + 2 + 2 = 14	17 + 14 = 31
Februar	3 + 5 + 5 + 5 + 2 = 20	2 + 2 + 2 + 2 =	

3 Stelle deinen eigenen Ferienplan für dieses Jahr auf. An wie vielen Tagen hast du Schule?

4 Fragen und Schätzen

Wie viele Tage Schule hat ein Grundschulkind im Laufe der vier Jahre?

Sind es mehr oder weniger als 1000 Tage?

5 Berechne die Schultage in anderen Ländern.

Schultage	Frankreich	Türkei	Italien	USA	Japan	England
Januar	20	22	22	19	17	20
Februar*	14	8	22	19	19	15
März	23	22	26	17	16	22
April	11	19	21	19	14	12
Mai	15	4	26	21	21	15
Juni	22	–	7	9	22	22
Juli	–	–	–	–	14	8
August	–	–	–	4	–	–
September	15	20	12	21	19	9
Oktober	22	22	27	21	22	17
November	15	22	24	17	20	21
Dezember	14	21	17	14	17	15

* 28 Tage. Die Zahl der Schultage kann sich von Jahr zu Jahr etwas ändern.

1–4 Rechnen am Kalender. 3 Kinder selbst Daten erheben und auswerten lassen.

Der Luchs – eine scheue Wildkatze

Vor rund 150 Jahren war der Luchs im Bayerischen Wald völlig ausgerottet. Nun ist es gelungen, ihn wieder anzusiedeln.
Heute leben im Bayerischen Wald schätzungsweise 20 Luchse und im benachbarten Böhmerwald etwa 50.

Durchschnittliche Reviergröße eines Luchses

1 Vergleiche Größe und Gewicht von Luchs und Schäferhund.

Aussehen:
geflecktes Fell, Pinselohren, Stummelschwanz
Größe:
Schulterhöhe 50–70 cm, Länge ca. 100 cm
Gewicht:
15–25 kg
Kinderstube:
Einmal im Jahr etwa 2 Junge
Lebensdauer:
5–10 Jahre

2 Luchsforscher können einzelne Tiere mit Sendern genau orten. So haben sie herausgefunden, dass der Luchs als Einzelgänger in einem eigenen Revier lebt. Dieses Revier ist etwa so groß wie ein Quadrat von 10 km Seitenlänge.

a) Wie viele Luchse können etwa im Naturpark Bayerischer Wald ein eigenes Revier finden? Schätze.

b) Bestimme auf einer Karte deiner Heimatgemeinde ein Quadrat mit 10 km Seitenlänge (Reviergröße).

3 Luchskinder sind besonders gefährdet. Nur die Hälfte von ihnen erreicht das Alter von einem Jahr. Dann müssen die Jungluchse sich ein eigenes Revier suchen. Dies schafft wiederum nur die Hälfte. Die meisten verhungern, werden überfahren oder von streunenden Hunden getötet.

Wenn in einem Jahr 10 Luchskatzen Junge bekommen:
Wie viele junge Luchse etwa können dann nach einem Jahr auf Reviersuche gehen?
Wie viele erobern sich ein eigenes Revier?
Rechne.

Sachtexte lesen und Aufgaben dazu rechnen. Weiterführende Informationen zu diesem Thema im Internet unter http://www.naturpark-bayer-wald.de und http://www.luchsprojekt.de.

Bald ist Weihnachten

Die Weihnachtswichtel basteln in ihrer Werkstatt Geschenke für die Menschenkinder.

1 In der Kerzenzieherei stellen sie dünne und dicke, große und kleine Kerzen in den Farben rot, weiß, blau und gelb her.

a) Wie viele verschiedene Kerzen sind möglich? Male sie auf.

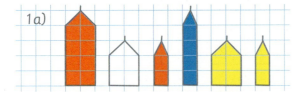

b) Überprüfe: Es gibt genauso viele dünne wie dicke Kerzen. Es gibt genauso viele große wie kleine Kerzen. Auch von jeder Farbe gibt es gleich viele.

c) Ordne die Kerzen in einem Baumdiagramm.

2 In einer anderen Werkstatt werden Weihnachtspuzzles hergestellt.
Spielmaterial: 6 geometrische Formen und ein großes Sechseck als Spielfeld

a) Stellt das Spielmaterial selbst her (Aufgabe **3**), dreht die Formen um und legt mit ihnen das Spielfeld lückenlos aus.

b) Versucht das große Sechseck auch ohne Spielfeld auf dem Tisch frei zu legen.

c) Ihr könnt mit den Formen auch andere Formen legen.
Beispiel:

Trapez   Parallelogramm

128

1 Mögliche Kerzenformen mehr oder weniger systematisch finden lassen (natürliche Differenzierung) und Anzahlen überprüfen. Evtl. systematische Lösung am Baumdiagramm wie in Band 2, Seiten 132/133 gemeinsam besprechen. **2** Puzzles zuerst in Gruppenarbeit herstellen lassen (siehe Seite 129). Auch das Spielfeld zum Auslegen sollte umgedreht sein.

Bald ist Weihnachten

  3 Herstellung eines Weihnachtspuzzles

a) Herstellung der Formen:
Zeichnet mit der Schablone diese sechs Formen auf einen farbigen Karton. Schneidet dann die Formen sorgfältig aus.

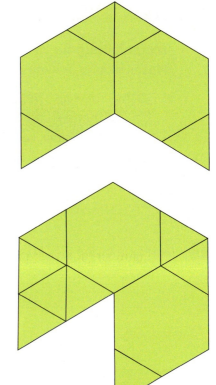

b) Herstellung eines großen Sechsecks als Spielfeld:
Zeichnet mit der Schablone das Bienenwabenmuster. Zeichnet zuerst die ganzen Sechsecke. Beginnt in der Mitte. Verbindet am Schluss die Lücken am Rand mit dem Lineal.

c) Denkt euch die Formen ganz in kleine Dreiecke zerlegt. Wie viele Dreiecke sind es jeweils?
Wie viele kleine Dreiecke verstecken sich im Spielfeld?

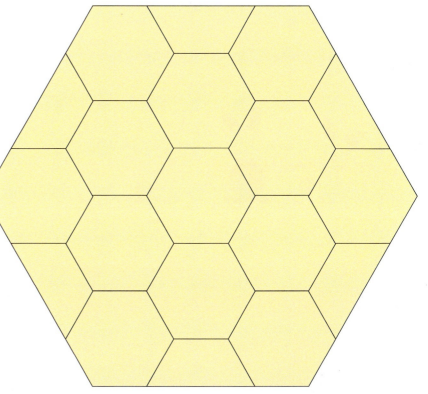

Tipp: Weitere Teile und Spielfelder könnt ihr einfacher herstellen. Legt die Teile und das Spielfeld auf einen Karton, umfahrt sie mit dem Bleistift und schneidet sie aus.

■ **3** Mit der Schablone (Beilage) in Gruppenarbeit die Teile und das Spielfeld herstellen.

Bald ist Ostern

1 Wie viele verschiedene Hasen findest du?

Malanleitung für die Hasenfamilie Schwarzweiß

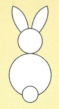
Jeweils Ohren, Kopf, Körper und Schwanz nur mit einer Farbe (schwarz oder weiß) anmalen.

Richtig!

Falsch! Diese Hasen gehören nicht dazu

2 Male und ordne die Hasen nach Plan.

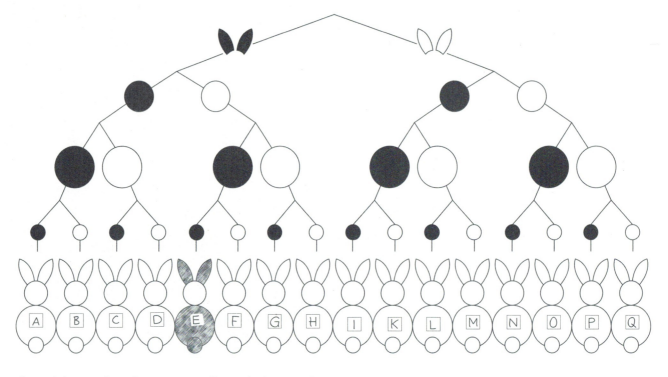

a) Welche Buchstaben tragen diese drei Hasen?

b) Welche Hasen haben einen schwarzen Kopf?

c) Welche Hasen haben nur ein schwarzes Körperteil?

d) Welche Hasen haben drei oder mehr weiße Körperteile?

e) Welche Hasen haben schwarze Ohren und einen schwarzen Schwanz?

f) Welche Hasen haben zwei weiße und zwei schwarze Körperteile?

Kombinatorische Aufgaben. **1, 2** Hasen nach Plan auf Kopiervorlage färben und am Baumdiagramm einordnen.

Bald ist Ostern

3 Welche Hasen wohnen zusammen?

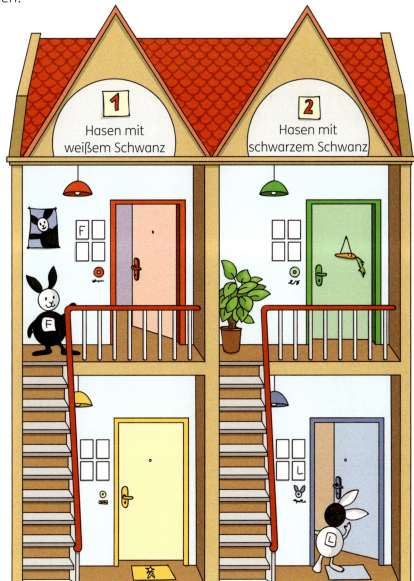

2. Stock
Hasen mit weißem Kopf

1. Stock
Hasen mit schwarzem Kopf

4 Welche Hasen wohnen   a) in Haus 1, im 1. Stock?   b) in Haus 1, im 2. Stock?

c) in Haus 2, im 1. Stock?   d) in Haus 2, im 2. Stock?

5 Hasenspiel für zwei Spieler.
Spielmaterial:
16 ausgeschnittene Hasen
4 Würfel
1 Becher zum Werfen

Werft abwechselnd mit vier Würfeln. Ungerade Zahlen stehen für „schwarz", gerade Zahlen für „weiß". Der Wurf 3, 5, 4, 1 bedeutet also dreimal schwarz und einmal weiß.
Jeder Spieler darf nach seinem Wurf einen Hasen nehmen, der genauso viele schwarze und weiße Körperteile hat, wie der Wurf vorgibt.
Wer zum Schluss die meisten der 16 Hasen hat, hat gewonnen.

■ **3, 4** Hasen (KV) ausschneiden und im Vierfelderdiagramm einordnen.   **5** Hasenspiel spielen und Chancen vergleichen.

Wechseln an der Stellentafel

1 Herr Michel verwaltet die Bargeldkasse.
Er muss oft Geld herausnehmen, um Rechnungen zu bezahlen.
Manchmal muss er auch wechseln.

Wie viel Geld bleibt jeweils in der Kasse?
Lege mit Rechengeld und überlege.

	In der Kasse sind	Er nimmt heraus
a)	689 Euro	257 Euro
b)	571 Euro	138 Euro
c)	460 Euro	247 Euro
d)	527 Euro	186 Euro
e)	356 Euro	167 Euro
f)	504 Euro	136 Euro

2 Wechsle in kleinere Scheine. Finde verschiedene Möglichkeiten.

a) 100 €

2a) 100 € = 2 · 50 €
100 € = 50 € + 20 € + 20 € +

b) 50 €   c) 36 €   d) 62 €
e) 21 €   f) 75 €   g) 97 €

Für das Wechseln im täglichen Leben werden verschiedene Geldscheine benutzt.
Für das Wechseln beim Rechnen genügen Einer, Zehner, Hunderter.

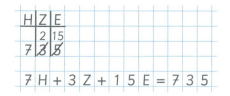

! 1 Zehner = 10 Einer
1 Hunderter = 10 Zehner
1 Tausender = 10 Hunderter

3 In der Kasse liegen 7 Hunderter, 3 Zehner und 5 Einer.
Herr Michel wechselt 1 Zehner in 10 Einer. Er notiert:

Erkläre.

H	Z	E
	2	15
7	3̶	5̶

7 H + 3 Z + 15 E = 735

4 Wechsle immer 1 Zehner in 10 Einer. Notiere an der Stellentafel.

a) 271
153
512

4a)
H	Z	E
	6	11
2	7̶	1̶

2 H + 6 Z + 11 E = 271

b) 760   c) 75   d) 287
   589   394   510
   648   813   99

5 Wechsle immer 1 Hunderter in 10 Zehner. Notiere an der Stellentafel.

a) 521
720
600

5a)
H	Z	E
4	12	
5̶	2̶	1

4 H + 12 Z + 1 E = 521

b) 852   c) 298   d) 961
   375   484   789
   233   117   925

6 Wechsle immer 1 Hunderter in 10 Zehner und davon 1 Zehner in 10 Einer.

a) 504
205
800

6a)
H	Z	E
4	9	14
5̶	0̶	4̶

4 H + 9 Z + 14 E = 504

b) 907   c) 308   d) 403
   601   200   804
   706   102   409

Vorbereitung der schriftlichen Subtraktion (Abziehverfahren) durch stellenweises Wechseln. Bei Einführung der schriftlichen Subtraktion mit dem Abziehverfahren ersetzen die Seiten 132/133 die Seiten 92/93.

Subtraktionsaufgaben schriftlich rechnen

1 Herr Michel kann seine Rechnungen auch an der Stellentafel durchführen. Er rechnet so:

a)
```
H Z E
6 8 9
-2 5 7
-----
4 3 2
```
9 Einer minus 7 Einer gleich 2 Einer.
8 Zehner minus 5 Zehner gleich 3 Zehner.
6 Hunderter minus 2 Hunderter gleich 4 Hunderter.

Die Differenz der Zahlen 689 und 257 beträgt 432.

b)
```
H Z E
  6 11
5 7̸ 1̸
-1 3 8
-----
4 3 3
```
1 Einer minus 8 Einer geht nicht.
Ich wechsle einen Zehner in 10 Einer und behalte 6 Zehner.
11 Einer minus 8 Einer gleich 3 Einer.
6 Zehner minus 3 Zehner gleich 3 Zehner.
5 Hunderter minus 1 Hunderter gleich 4 Hunderter.

Wie rechnet Herr Michel bei c), d) und e)?

c)
d)
e)

f)
```
H Z E
4 9 14
5̸ 0̸ 4̸
-1 3 6
-----
3 6 8
```
4 Einer minus 6 Einer geht nicht. Ich habe keinen Zehner zum Wechseln, deshalb wechsle ich einen Hunderter in 10 Zehner und davon einen Zehner in 10 Einer. Ich behalte 4 Hunderter und 9 Zehner.
14 Einer minus 6 Einer gleich 8 Einer.
9 Zehner minus 3 Zehner gleich 6 Zehner.
4 Hunderter minus 1 Hunderter gleich 3 Hunderter.

2 Rechne wie Herr Michel. Überlege, wann du wechseln musst.

a)
```
H Z E
4 8 7
-2 3 1
```
b)
```
H Z E
9 7 5
-3 1 8
```
c)
```
H Z E
7 2 3
-3 6 0
```
d)
```
H Z E
6 0 8
-3 1 4
```
e)
```
H Z E
5 1 9
-2 3 9
```
f)
```
H Z E
6 0 0
-2 5 6
```

g)
```
H Z E
9 8 6
-3 4 2
```
h)
```
H Z E
7 6 1
-3 1 7
```
i)
```
H Z E
6 2 8
-2 8 4
```
j)
```
H Z E
5 8 0
-2 3 6
```
k)
```
H Z E
3 3 6
-  8 3
```
l)
```
H Z E
4 3 7
-  8 1
```

3
a) 480 − 191
b) 654 − 567
c) 858 − 585
d) 441 − 208
e) 791 − 158
f) 949 − 495

g) 586 − 191
h) 375 − 291
i) 386 − 119
j) 782 − 324
k) 659 − 328
l) 693 − 186

Blitzrechnen

⚡ Zählen in Schritten (ab S. 37)

⚡ Welche Zahl? (ab S. 33)

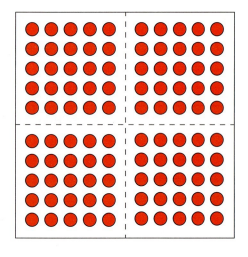

⚡ Einmaleins umgekehrt (ab S. 16)

⚡ Verdoppeln und Halbieren im Hunderter (ab S. 20/21)

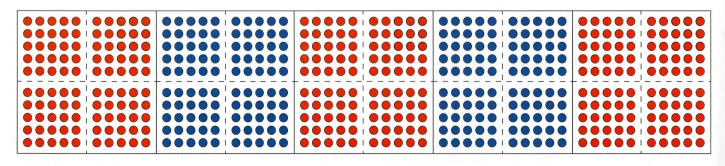

⚡ Wie viele? (ab S. 31) ⚡ Ergänzen bis 1000 (ab S. 38) ⚡ 1000 teilen (ab S. 39)

⚡ Verdoppeln und Halbieren im Tausender (ab S. 40/41)

⚡ Einfache Plus- und Minusaufgaben (ab S. 53, 67)

Operationsfelder zur handelnden Durchführung der Blitzrechenübungen, abgedruckt auch auf dem ausklappbaren Umschlag des Arbeitshefts. Zur weiteren Unterstützung stehen die Rechenkartei „Blitzrechnen" und die CD-ROM „Blitzrechnen" zur Verfügung.

Blitzrechnen

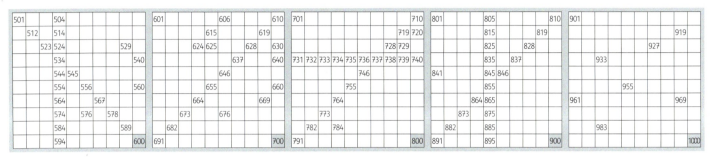

Im Original-Tausenderbuch (Leporello) sind die Zahlen besser zu erkennen und zu zeigen.

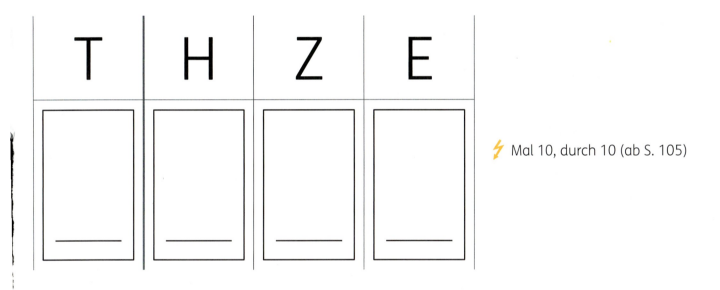

⚡ Mal 10, durch 10 (ab S. 105)

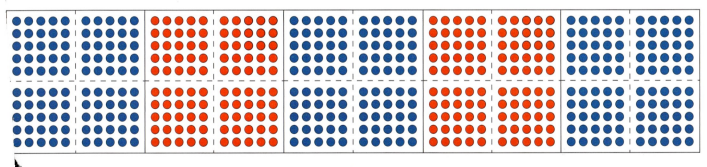

⚡ Zehner-Einmaleins auch umgekehrt (ab S. 107)
Zehner-Einmaleins-Tafel auf der hinteren Umschlagseite

Textquellennachweis

60 Guggenmos, Josef: Wie viel wiegt ein Fink? Aus: Josef Guggenmos: Was denkt die Maus am Donnerstag? Deutscher Taschenbuch-Verlag, München, 1971

Bildquellennachweis

Cover Klett-Archiv (David Ausserhofer), **2** Klett-Archiv (Martin Adam, Berlin), Stuttgart; **3.2** Fotolia LLC (BildPix.de), New York; **4.1** Fotolia LLC (Thomas Röske), New York; **4.2** Fotolia LLC (Marco Bonan), New York; **4.3** Getty Images (Photodisc), München; **5.1** Fotolia LLC (Thaut Images), New York; **5.2** Corbis (Paul Hardy), Düsseldorf; **5.3** Ullstein Bild GmbH (JOKER/Erich Haefele), Berlin; **6.14** Fotolia LLC (epantha), New York; **6.15** Klett-Archiv (Christian Günther, Leipzig), Stuttgart; **7.1** shutterstock (Kim Ruoff), New York, NY; **7.2** Fotolia LLC (Petitonnerre), New York; **7.5** Okapia (Robert A.Tyrrell/OSF), Frankfurt; **7.6** Fotolia LLC (Bernd Wolter), New York; **7.7** Okapia (Manfred Danegger), Frankfurt; **7.8** Fotolia LLC (Michael Tieck), New York; **8.1** Imago, Berlin; **9.1** PantherMedia GmbH (Hans-Joachim Arndt), München; **10.1; 10.2** Fotolia LLC (de_marco), New York; **10.3** shutterstock (mariait), New York, NY; **10.4** shutterstock (FedericoPhotos), New York, NY; **10.5** shutterstock (Eric Isselée), New York, NY; **10.6** Fotolia LLC (atlang), New York; **14.1** Klett-Archiv (David Ausserhofer, Wandlitz), Stuttgart; **14.2** Klett-Archiv (David Ausserhofer), Stuttgart; **14.6** Interfoto (TV-Yesterday) **15.3**; **15.4** Klett-Archiv (David Ausserhofer, Wandlitz), Stuttgart; **16.1** Klett-Archiv (David Ausserhofer, Wandlitz), Stuttgart; **28.1** plainpicture GmbH & Co. KG (Peer Hanslik), Hamburg; **28.2; 28.3; 28.4; 28.5; 28.6** Klett-Archiv (David Ausserhofer, Wandlitz), Stuttgart; **28.7** Imago (Becker & Bredel), Berlin; **29.1; 29.2; 29.3; 29.4; 29.5; 29.6; 29.7; 29.8** Klett-Archiv (Martin Adam, Berlin), Stuttgart; **39.3** iStockphoto (Maria Pavlova), Calgary, Alberta; **39.4** iStockphoto (Brad Killer), Calgary, Alberta; **42.1** Klett-Archiv (Susanne Della Giustina), Stuttgart; **42.3** Imago (Eduar Bopp), Berlin; **43.2** Fotolia LLC (Antrey), New York; **43.3** Picture-Alliance (Arco Images), Frankfurt; **43.4** PantherMedia GmbH (Marek Swadzba), München; **43.5** Fotolia LLC (die_maya), New York; **43.6** PantherMedia GmbH (Dirk Mewes), München; **44.1** Polizeipräsidium Stuttgart, Stuttgart; **44.2** Vogel Germany GmbH & Co. KG, Kevelaer; **44.3** shutterstock (hamurishi), New York, NY; **44.4** Imago, Berlin; **45.1** Imago, Berlin; **46.1** Getty Images (Kage, Manfred P. und Christina Lauenstein), München; **46.2** FOCUS (SPL), Hamburg; **47.1** Okapia (Frank Hecker), Frankfurt; **47.2** Okapia, Frankfurt; **47.3; 47.4** Klett-Archiv (David Ausserhofer, Wandlitz), Stuttgart; **47.5** Fotolia LLC (Harald Lange), New York; **47.6** shutterstock (Anmor Photography), New York, NY; **47.7** Okapia (Ingo Arndt), Frankfurt; **47.8** Fotolia LLC (fotosutra), New York; **47.9** Okapia (BHB-Foto), Frankfurt; **47.10** shutterstock (Mike Rogal), New York, NY; **49.1** PantherMedia GmbH (Toni Anett Kuchinke), München; **49.2** shutterstock (Eastimages), New York, NY; **49.3** Picture-Alliance (ZB), Frankfurt; **49.4** Picture-Alliance, Frankfurt; **49.5; 49.6** Klett-Archiv (David Ausserhofer, Wandlitz), Stuttgart; **50.2** Thinkstock (Hemera), München; **60.3; 60.4** Klett-Archiv (Susanne Della Giustina), Stuttgart; **60.5** Klett-Archiv (Christine Leininger, Weinstadt/Beutelsbach), Stuttgart; **61.5** Fotolia LLC (kiki), New York; **61.6** Fotosearch Stock Photography (Digital Vision), Waukesha, WI; **62.1** Fotolia LLC (goldencow_images), New York; **62.2** Klett-Archiv (Susanne Della Giustina), Stuttgart; **62.3; 62.4; 62.5; 62.6; 62.7; 62.8; 62.9; 62.10; 62.11; 62.12; 62.13; 62.14; 62.15** Klett-Archiv (Martin Adam, Berlin), Stuttgart; **63.1** Tierbildarchiv Angermayer (Edgar Mönch), Holzkirchen; **63.3** Fotolia LLC (EcoView), New York; **64.1; 64.2; 64.3; 64.4; 64.5; 64.6; 64.7; 64.8; 64.9; 64.10; 64.11; 64.12; 64.13** Klett-Archiv (David Ausserhofer, Wandlitz), Stuttgart; **65** Klett-Archiv (David Ausserhofer, Wandlitz), Stuttgart; **73.1** Picture-Alliance (dpa), Frankfurt; **75.1** iStockphoto (RF/Daniela Andreea Spyropoulos), Calgary, Alberta; **75.4** Fotolia LLC (Manfred Steinbach), New York; **76.8** Masterfile Deutschland GmbH, Düsseldorf; **79.1** Okapia (Hans Dieter Brand), Frankfurt; **79.2** Klett-Archiv (Christian Günther, Leipzig), Stuttgart; **80.1; 80.2** Klett-Archiv (David Ausserhofer, Wandlitz), Stuttgart; **88.3** URW, Hamburg; **90.1; 90.2; 90.3; 90.4; 90.5; 90.6; 90.7; 90.8; 90.9; 90.10; 90.11** Klett-Archiv (Martin Adam, Berlin), Stuttgart; **91.1; 91.2** Klett-Archiv (David Ausserhofer, Wandlitz), Stuttgart; **91.4; 91.5; 91.6; 91.7; 91.8** Klett-Archiv (Martin Adam, Berlin), Stuttgart; **96.2** Klett-Archiv (Susanne Della Giustina), Stuttgart; **98.2** Thinkstock (iStockphoto), München; **99.1** laif (Hans Bernhard Huber), Köln; **100.1** Kunstmuseum Bern, Paul-Klee-Stiftung Bern; **100.2** Rheinisches Bildarchiv, www.museenkoeln.de/rba.de (Foto: Rheinisches Bildarchiv Köln, rba_d030518), Köln; **101.1** Fotolia LLC (Pavel Losevsky), New York; **101.2** Klett-Archiv (Martin Adam), Stuttgart; **101.3** Jutta Wiesner, Melle; **102** Klett-Archiv (David Ausserhofer, Wandlitz), Stuttgart; **103.1** Klett-Archiv (David Ausserhofer, Wandlitz), Stuttgart; **112.2** Imago, Berlin; **113.2** Fotolia LLC (Peter Atkins), New York; **113.3** iStockphoto (ollo), Calgary, Alberta; **113.4** Fotolia LLC (Joanna Zielinska), New York; **113.5** Imago, Berlin; **116.1** akg-images (Albrecht Dürer), Berlin; **116.2** bpk/Bayerische Staatsgemäldesammlungen; **121** akg-images, Berlin; **123.1; 123.2; 123.3; 123.4; 123.5** Klett-Archiv (Mark Hoffmann, Leipzig), Stuttgart; **123.6; 123.7; 123.8; 123.9** Klett-Archiv (Jens Schacht, Düsseldorf), Stuttgart; **124.1** Fotolia LLC (BildPix.de), New York; **124.2** Klett-Archiv (Foto Geuther (Rötha)), Stuttgart; **124.3** PRESSE-FOTO Dieter Baumann, Ludwigsburg; **127.1** Naturpark Bayerischer Wald e.V., Zwiesel; **127.3** Corbis (Mays), Düsseldorf; **127.5** PantherMedia GmbH (Wolfgang Dufner), München

Sollte es einmal nicht gelungen sein, den korrekten Rechteinhaber ausfindig zu machen, so werden berechtigte Ansprüche selbstverständlich im Rahmen der üblichen Regelungen abgegolten. Die Positionsangabe der Bilder erfolgt je Seite von oben nach unten, von links nach rechts.